ANSWER KEY
TO
STUDENT ACTIVITIES MANUAL

IMPRESIONES

Rafael Salaberry
Rice University

Catherine M. Barrette
Wayne State University

Phillip Elliot
Southern University

Marisol Fernández-García
Northeastern University

PEARSON
Prentice
Hall

Upper Saddle River, New Jersey 07458

© 2004 by PEARSON EDUCATION, INC.
Upper Saddle River, New Jersey 07458

ISBN 0-13-048385-0

Printed in the United States of America

Impresiones Activities Manual Answer Key

Capítulo 1

Vocabulario en contexto

Actividad 1-1. Presentaciones y saludos
Paso 1. 1. mañana; 2. mañana, tarde o noche; 3. noche; 4. tarde.
Paso 2. 1. F; 2. I; 3. F; 4. F.
Paso 3. Saludos: Hola; Buenas tardes, Buenos días, Buenas noches; Presentaciones: Me llamo, Mi nombre es, Encantada, Igualmente, Te presento a mi hermana, Mucho gusto, Le presento a mi amigo, Es un placer; Despedidas: Adiós, Hasta luego.

Actividad 1-2. Tú/usted
1. usted; 2. tú; 3. usted; 4. usted or tú; 5. usted; 6. usted or tú.

Actividad 1-3. Descripciones
Paso 1. Dibujo 1: a, c, d, f, j; Dibujo 2: b, e, g, h, i.
Paso 2. 1. wears a jacket; 2. is cold; 3. has a book; 4. to complete/finish; 5. math homework; 6. is listening; 7. on the wall; 8. are paintings of a garden and a house.
Paso 3. 1 telephone, 1 sofa, 15 books, 1 computer, pencils, 5 notebooks, 2 waste paper baskets, windows.

Actividad 1-4. Cognados
Paso 1. 1. d; 2. c; 3. a; 4. b.
Paso 2. 1. b; 2. c; 3. a; 4. d.
Paso 3. 1. -mente; 2. -ivo; 3. -or; 4. -dad.
Paso 4. 1. calidad (quality); 2. director (director); 3. agresivo (aggressive); 4. finalmente (finally).

Actividad 1-5. Palabras prestadas
Paso 1. 1. *homerun*; 2. *chance*; 3. *to catch;* 4. *to check.*
Paso 2. 1. cuadrangular; 2. oportunidad; 3. pillar; consultar.
Paso 3. 1. chequear (*borrowed*); 2. pillar (*standard*); oportunidad (*standard*); 4, jonrón (*borrowed*).
Paso 4. Answers will vary.

Actividad 1-6. El abecedario
Paso 1. verb; 2. name (noun); 3. adjective; 4. noun; number (adjective); 6. verb; 7. noun; 8. adjective;
9. adjective; 10. noun.
Paso 2. 1. presento; 2. Jesús; 3. aficionado; 4. instructor; 5. quince; 6. hay; 7. mujeres; 8. inteligentes; 9. horrible; 10. tarea.
Paso 3. Verify spelling of Paso 2 answers.

Actividad 1-7. Palabras interrogativas
1. ¿Cómo?; 2. ¿Cómo?; 3. ¿Qué?; 4. ¿Cuántos?

Actividad 1-8. El salón de clase
Paso 1. Answers will vary.
Paso 2. Answers will vary.
Paso 3: una puerta, una pizarra, dos escritorios, tres mapas, tres computadoras, cuatro ventanas, cinco relojes, siete estudiantes, dieciséis tizas, treinta sillas.

Actividad 1-9. Nacionalidades
1. chileno; 2. chilena; 3. cubano; 4. cubana; 5. Colombia; 6. colombiano; 7. México; 8. mexicana; 9. Perú; 10. peruana; 11. dominicano; 12. chino; 13. china; 14. paraguaya; 15. uruguayo; 16. uruguaya; 17. hondureño; 18. salvadoreña; 19. Puerto Rico; 20. puertorriqueña; 21. Brasil; 22. Nicaragua; 23. Costa Rica; 24. Guatemala; 25. guatemalteca; 26. venezolano; 27. ecuatoriana; 28. España

Actividad 1-10: Diálogo
Answers will vary.

Intercambios comunicativos

Actividad 1-11. Pidiendo ayuda
1.c; 2.b; 3.d; 4.a.

Actividad 1-12. Las instrucciones en el salón de clase
Paso 1. Picture 1: Abran el libro; P.2: Presten atención al video; P.3: Escuchen; P.4: Lean/Cierren el libro, P.5: Escriban una lista; P.6: Lean/Cierren el libro; P.7 Trabajen en grupos.
Paso 2. 1. Students listening to the teacher; 2. Students working in groups; 3. Students writing a list of names; 4. Students opening their textbook; 5. Students reading their textbook; 6. Students closing their textbook; 7. Students watching a video.

Actividad 1-13. Los hispanos en los Estados Unidos

Paso 1. Answers may vary depending on students' background knowledge.
Paso 2: 1. 66,10; 2. 14,50; 3. 9,00; 4. 4,00; 5. 6,4.

Actividad 1-14. Hispanos famosos

Answers will vary.

Gramática en contexto

Actividad 1-15. Subject pronouns

1. usted; 2. tú; 3. yo; 4. tú; 5. yo; 6. nosotros; 7. ellos; 8. él; 9. ella.

Actividad 1-16. More subject pronouns

Paso 1: yo, él, ella, ellos, nosotros.
Paso 2: Yo: Amanda Ortiz; él: Miguel; ella: Carla; ellos: Miguel y Carla; nosotros: Miguel, Carla y Amanda.

Actividad 1-17. Origins and nationalities

Answers will vary for 1 and 2; 3. Él es de Cuba/Es cubano; 4. Cervantes es de España/ Es español; 5. Juan y Evita Perón son de Argentina/ Son argentinos.

Actividad 1-18. Negative + verb

Answers may vary, but sample negative answers are: 1. No, no soy (una persona) pesimista; 2. No, no hay muchas personas en mi familia. Somos 3; 3. No, no es hispano mi padre. No, no es hispana mi madre; 4. No, no son estudiantes de español todos mis amigos; 5. No, no somos aficionados al toreo.

Actividad 1-19. Definite vs. indefinite articles

a. 1. un; 2. un; 3. El; b. 4. La; 5. una; 6. Los; 7. un; 8. la; 9. El; 10. una.

Integración Comunicativa

Actividad 1-20. El estudio de lenguas extranjeras

Paso 1. 1. José; 2. José; 3. Mónica; 4. José; 5. Mónica.
Paso 2. Es fácil: 10 estudiantes; Es un requisito: 15 estudiantes; Es interesante: 5 estudiantes; Es importante: 5 estudiantes.

Actividad 1-21. Una carta

Paso 1. 1. Querido; 2. estás; 3. bien; 4. argentino; 5. estadounidense; 6. inglés; 7. interesante.
Paso 2. Answers will vary.

Actividad 1-22. Los países hispanos y la geografía

Paso 1. 1. Costa Rica (Centroamérica); 2. Venezuela (Sudamérica); 3. Chile (Sudamérica); 4. Honduras (Centroamérica); 5. Panamá (Centroamérica); 6. Colombia (Sudamérica); 7. Perú (Sudamérica); 8. Uruguay (Sudamérica); 9. El Salvador (Centroamérica); 10. Argentina (Sudamérica).
Paso 3. Answers will vary.

Comparaciones Culturales

Actividad 1-23. El uso de los números

Paso 1. 1. 10,4; 2. 8.000; 3. 3,9; 4. 27.000; 5. 2.000.
Paso 2. Answers will vary.
Paso 3. 1. Yo vivo en la Avenida Ramírez, número 5255; 2. Yo vivo en la Calle Arenal, número 12801; 3. Vivo en la Carretera Luz, número 249.
Paso 4. 1. Calle San Miguel, número 26; 2. 2-22-30-20.

Actividad 1-24. ¿Cómo lo dicen en tu país?

1. Palabra: pitillo; 2. País: Venezuela; 3. Palabra: judías; 4. País : México.

Las impresiones de Guadalupe: Actividades para el video

Actividad 1-25: ¿Quiénes son los personajes de la historia?

Paso 1. Answers will vary.
Paso 2. 1. Prof. Parra; 2. Camille; 3. Consuelo/Connie 4. Jordi; 5. Pablo.

Actividad 1-26: ¡A revisar la información sobre el curso!

Paso 1. 1. Producción de programas de radio local y de internet; 2. curso; 3. radio-difusión; 4. comunidad hispana; 5. promoción.
Paso 2. Except for *catálogo* and *técnicas,* all the words in the list are English cognates used in the video.
Paso 3. Any three of the following list: clase, comunidad, cosmopolita, culturas, internet, profesor, radio.
Paso 4. 1. Morning: *Buenos días*; 2. Pablo arrives late, and asks for permission to enter the class implicating that he is also asking to be excused for interrupting.

Actividad 1-27. Las reacciones de los estudiantes

Paso 1. 1. b; 2. a.
Paso 2. Answers will vary.
Paso 3. Answers will vary.

Capítulo 2

Vocabulario en contexto

Actividad 2-1: Los colores

Pasa 1. rojo, anaranjado, amarillo, verde, azul, índigo, morado.
Paso 2. el negro; 3. el blanco.

Actividad 2-2: Las banderas y los colores

Paso 1. 1. España; 2. rojo, amarillo, verde; 3. rojo, amarillo, azul; 4. Ecuador; 5. Bolivia; 6. blanco, azul; 7. blanco, azul; 8. Panamá; 9. rojo, blanco, azul; 10. rojo, blanco, azul.
Paso 2. Answers will vary.
Paso 3. Answers will vary.

Actividad 2-3: Los colores favoritos y la personalidad

Paso 1. 1. c; 2. a; 3. e; 4. b; 5. d.
Paso 2. Answers will vary.

Actividad 2-4: El cuerpo humano

Paso 1. 1. la cabeza; 2. el estómago; 3. el cuello; 4. la boca; 5. la boca; 6. la piel.
Paso 2. 1. El elefante; 2. El orangután; 3. El cocodrilo; 4. El hipopótamo; 5. La cebra.

Actividad 2-5: Números: 30–un millón

Paso 1. 1. a; 2. b; 3. c; 4. c; 5. d.
Paso 2. 1. treinta y tres; cuarenta y uno (*prime numbers*); 2. cinco mil quinientos cincuenta y cinco (*all digits the same*); 3. ochenta y uno (*add the digits of each number, subtract the sum*); 4. Ciento veinticinco mil (*half of the previous number*); 5. Cinco mil trescientos cincuenta (*average the most recent two numbers, add the average to the second number*).

Actividad 2-6: Más palabras interrogativas

Pasos 1-3. Answers will vary.

Intercambios comunicativos

Actividad 2-7: Diálogos cortos

Paso 1. 1. Claro, Muchas gracias, ¿Te molestaría?; 2. De nada, No hay de qué; 3. Lo siento, 4. Claro, 5. Te molestaría?
Paso 2. Answers will vary.
Paso 3. 1. Habla con el operador (la operadora); 2. Quiere hacer una llamada a Puerto Rico; 3. Es el 787; 4. Primero marca el número 1, luego el prefijo de Puerto Rico y entonces el número que quiere llamar; 5. Se llama NTT.
Paso 4. Answers will vary.

Enfoque cultural

Actividad 2-8: La herencia hispanohablante en los Estados Unidos

Paso 1. 1. franceses; 2. españoles; 3.1783; 4. Canarias; 5. millas; 6. prepara; 7. habitar; 8. llegan; 9. exitosa; 10. suburbio; 11. población; 12. viven; 13. museos; 14. culturales.
Paso 2. 1. Están a 65 millas al oeste de África Occidental; 2. Salen dos mil personas; 3. El gobernador Bernardo de Gálvez les da la bienvenida; 4. Van a Luisiana a habitar y proteger este territorio; 5. Se llama San Bernardo; 6. Tienen museos, sociedades y presentaciones culturales.
Paso 3. Answers will vary.

Gramática en contexto

Actividad 2-9: Género y número gramatical

A. 1. el; 2. el; 3. el; 4. los; 5 la; 6. el; 7. la; 8. la; 9. la; 10. las; 11. Los; 12. las; 13. el; 14. el; 15. el.
B. 16. La; 17. la; 18. las; 19. la; 20. los; 21. la; 22. los; 23. Las; 24. la; 25. los; 26. la.

Actividad 2-10: Género biológico

1. El periodista; 2. La estudiante; 3. El atleta/el profesor; 4. La ingeniera; 5. El doctor.

Actividad 2-11: Los plurales

Paso 1. 1 computadora; 2 monitores; 1 televisión; 41 libros; 54 cuadernos; 3 escritorios; 5 calculadoras; 1 lápiz.
Paso 2. 2 computadoras; 2 monitores; 0 televisiones; 54 libros; 54 cuadernos; 2 escritorios; 1 calculadora; 10 lápices.
Paso 3. 1 computadora, 13 libros, 9 lápices.

Actividad 2-12: Los adjetivos

Answers will vary.

Actividad 2-13: Más adjetivos

Paso 1. Answers will vary.
Paso 2. 1. perezosos y liberales; 2. realistas y ambiciosos; 3. ingenuas y soñadoras; 4. atrevidos y enérgicos; 5. ricos, gordos y felices; 6. orgullosos y alegres.
Paso 3. Answers will vary.

Actividad 2-14: ¿Donde y cómo están?

Answers will vary.

Actividad 2-15: El presente

Paso 1. 1. b; 2. c; 3. a.
Paso 2. 1. ¿Cómo estás?; 2. Estoy agotado, pero muy contento; 3. ¿Todavía tocas la guitarra?; 4. No, ya no. Ahora toco el violín; 5. ¿Y tu hermana todavía baila contigo?; 6. No, ella vive en San José ahora, y está muy lejos.

Actividad 2-16: Las partes del cuerpo

Paso 1. Answers will vary, but should include the following parts: 1. Como con la boca; 2. Estudio con la cabeza; 3. Toco el piano con los dedos; 4. Respiro con la nariz; 5. Veo la televisión con los ojos; 6. Escucho a mis amigos con las orejas; 7. Salto con las piernas. 8. Camino con los pies. 9. Respiro con los pulmones.
Paso 2. Students' drawings and sentences will vary.

Actividad 2-17: ¿Te gusta o no?

1. Sí/No, (no) me gusta caminar mucho cuando estoy cansado; 2. Sí/No, (no) me gusta salir con mis amigos cuando estoy contento; 3. Sí/No, (no) me gustan los exámenes cuando estoy ansioso; 4. Sí/No, (no) me gusta tomar café cuando estoy agotado.; 5. Sí/No, (no) me gusta el chocolate cuando estoy triste; 6. Sí/No, (no) me gustan las películas trágicas cuando estoy alegre.

Actividad 2-18: A mí me gusta . . .

Pasos 1-3. Answers will vary.

Actividad 2-19: Los acentos

Paso 1. 1. La ca-<u>be</u>-za también se llama el <u>co</u>-co; 2. Los pies <u>gran</u>-des se llaman <u>pa</u>-tas; 3. Una na-<u>riz</u> grande se llama na-ri-<u>zon</u>; 4. La <u>bo</u>-ca a veces se llama el <u>pi</u>-co, la <u>trom</u>-pa, o el o-<u>ce</u>-a-no; 5. Otras palabras

para el es-<u>to</u>-ma-go son la ba-<u>rri</u>-ga y la <u>pan</u>-za.
Paso 2. 1. no accents; 2. no accents; 3. na-ri-zón; 4. o-cé-a-no; 5. es-tó-ma-go.

Integración comunicativa

Actividad 2-20. Fechas famosas

Paso 1. 1. c; 2. a; 3. b; 4. d.
Paso 2. 1. c; 2. d; 3. b; 4. a.

Actividad 2-21. ¿Cómo son los hispanos?

Paso 1. 1. Mercedes; 2. Pablo; 3. Eugenia; 4. Rufino.
Paso 2. 1. b; 2. a; 3. c; 4. a.
Paso 3. Answers may vary.
1. Los hispanos son de varios grupos étnicos; 2. Los hispanos saben hablar español y en muchos casos saben hablar otro idioma indígena de su país. En los Estados Unidos muchos hablan inglés también; 3. Los hispanos viven en países en los que el español es el ídioma más importante pero también en países en que el español no es principal idioma.

Comparaciones culturales

Actividad 2-22. ¿Qué significa ser hispano o latino?

Paso 1. 1. b; 2. c; 3. a; 4. a; 5. b.
Paso 3. Answers will vary.

Actividad 2-23. Los sistemas educativos

Paso 1. 1. Falso; 2. Cierto; 3. Falso; 4. Cierto; 5. Falso
Paso 2. b. Los colegios en Cuba se llaman institutos preuniversitarios y abarcan los grados de 10 a 12; c. En muchas escuelas de Cuba los estudiantes necesitan trabajar la tierra como parte de sus actividades complementarias.
Paso 3. 1. pedagógica; 2. exactas; 3. deportiva; 4. arte
Paso 4. Similitudes: 1. Es obligatorio asistir a la escuela hasta el noveno grado. 2. La educación primaria y secundaria abarcan 12 grados.
Diferencias: 1. A veces los estudiantes necesitan laborar la tierra como parte de sus actividades complementarias; 2. En algunas áreas rurales los estudiantes tiene que asistir a las escuelas internas; 3. Hay varios tipos de colegios para estudiantes con diferentes aptitudes. Por ejemplo, hay escuelas vocacionales de arte para los estudiantes artísticos y escuelas de iniciación deportiva para estudiantes atléticos. 4. El estudiante no decide su campo de estudio sino que toma un examen de ingreso y la nota que saca determina la especialización que estudia en la universidad.

Las impresiones de Guadalupe: Actividades para el video

Actividad 2-24: Guadalupe y Camille conversan

Paso 1. The chronological order is 1. Camille le pregunta a Lupe si la puede llamar Lupita; 2, Camille le pregunta a Guadalupe cuánto tiempo va a estar en los EE.UU.; 3. Guadalupe le cuenta a Camille sobre su novio y le dice que lo extraña mucho; 4. Camille le pregunta a Guadalupe si ya tiene un proyecto para la clase del Prof. Parra; 5. Camille invita a Guadalupe a tomar un café.
Paso 2. 1. dónde; 2. cómo; 3. Qué; 4. cuál.
Paso 3. 1. Qué; 2. Dónde; 3. cuándo; 4. cuál.

Actividad 2-25. ¿Qué haces durante un primer encuentro?

Paso 1. True statements: 3, 4, 5, 6, 10.
Paso 2. Answers will vary.
Paso 3. Answers will vary.

Actividad 2-26. ¿Qué hacen cuando hablan?

Paso 1. Answers will vary.
Paso 2. Answers will vary.
Paso 3. Answers will vary.

Capítulo 3

Vocabulario en contexto

Actividad 3-1: La hora

1. 9:45; 2.10:05; 3.10:20; 4.11:15; 5.12:00 (mediodía); 6.1:00; 7.1:30; 8. 1:35.

Actividad 3-2: Las clases

1. alemán; 2. química; 3.química, física; 4. psicología; 5. arte; 6. inglés; 7. astronomía.

Actividad 3-3: Las clases y la especialización

Paso 1. Rajan: química, cálculo; Diana: química, cálculo; Erica: la novela moderna, teoría crítica de la literatura; Yoshiko: geografía, las guerras mundiales.
Paso 2. 1. ¿Qué hora es?; 2. ¿qué hora es?; 3. ¿qué hora es?; 4. ¿A qué hora?

Actividad 3-4: La universidad virtual

Paso 1. Answers will vary.
Paso 2. Answers will vary.

Actividad 3-5. La comunicación en clase

Paso 1. 1. b, c, e; 2. a, b, c; 3. a; 4. a, b.
Paso 2. 1, 2, 3, 5, 6.

Intercambios comunicativos

Actividad 3-6: Para mantener una conversación

Paso 1. 1. J; 2. J; 3. R; 4. R; 5. R; 6. R.
Paso 2. Rebeca: Pues (or Bueno); Javier: Pues (or Bueno); Rebeca: ¡Qué bien!; Javier: este; Rebeca: ¡No me digas! Javier: Ay!
Paso 3. 1. *to express agreement*; 2. *to express sadness*; 3. *to express shock or disgust*; 4. *to express amusement*.
Paso 4. Answers will vary.

Enfoque cultural

Actividad 3-7: La educación en México

Paso 1. Answers will vary.
Paso 2. Answers will vary.
Paso 3. 1.b; 2. a; 3. a; 4. b; 5. c; 6. b; 7. c; 8. c; 9. a; 10. b.
Paso 4. 1. C; 2. F; 3. F; 4. F.
Paso 5. 1. La educación primaria es obligatoria; 2. La educación media comprende seis grados semestrales de preparatoria; 3. Una de las más prestigiosas universidades de México se llama la UNAM.
Paso 6. Answers will vary.

Gramática en contexto

Actividad 3-8: Sí, nos gusta

Paso 1. 1. Rosa María y Guadalupe les; 2. Raúl y a mí nos; 3. Raúl y a mí nos; 4. Rosa María, a Guadalupe, a Raúl y a mí nos; 5. Guadalupe y a mí nos.
Paso 2. 1. interesantes, activos; 2. el básquetbol, el vólibol; 3. de otros países, el parque.
Paso 3. 1. gusta; 2. gustan.
Paso 4. Answers will vary.

Actividad 3-9: Profesiones

Paso 1. 1. Felipe y Antonio son choferes/taxistas; 2. Roxana y su padre son doctores.
Paso 2. 1. Armando y sus amigos estudian en la biblioteca, almuerzan en la cafetería, toman clases, cenan, hacen sus tareas; 2. Felipe y Antonio salen de su casa a las cinco, manejan sus taxis por doce horas cada día, comen en el taxi; 3. Roxana y su padre se levantan a las siete de la mañana, toman un café, caminan al hospital, ven a sus pacientes, regresan a su casa, cenan

con los hijos de Roxana trabajan unas horas más, y cenan en un restaurante cercano.
Paso 3. Answers will vary.

Actividad 3-10: Clases y horarios
Paso 1. Answers will vary, but should all be in the **ustedes** form.
Paso 2. Answers will vary, but should begin as follows: 1. Corremos/Hacemos ejercicio…2. Bailamos…; 3. Almorzamos…; 4. Leemos el periódico/Vemos las noticias a las…; 5. Escribimos cartas/correo electrónico …; 6. Lavamos la ropa…
Paso 3. 1. En la clase de español, practicamos la pronunciación, y conversamos con los compañeros de clase; 2. En la clase de artes culinarias, preparamos la comida, y comemos; 3. En la clase de informática escribimos programas, y usamos la computadora; 4. En la clase de educación fisica jugamos al básquetbol, y bebemos mucha agua; 5. En la clase de música, practicamos con los compañeros, y escuchamos varios ritmos.

Actividad 3-11: ¡Tienen mucho que hacer!
Paso 1. Prof. Méndez: asistir a una reunión, ir a la universidad caminando, dar una presentación, escribir un artículo; Eliud: asistir a clase, ir a la universidad caminando, escribir un trabajo, hacer un experimento.
Paso 2. 1. c; 2. d; 3. e; 4. a; 5. b.
Paso 3. Answers will vary.

Actividad 3-12: ¿De qué tienen ganas?
Answers will vary, but should begin as follows: 1. Tenemos ganas de…; 2. Tengo ganas de…; 3. Tiene ganas de…; 4. Tienen ganas de…

Actividad 3-13: Una pesadilla
Paso 1. 8, 5, 3, 1, 2, 6, 9, 7, 4.
Paso 2. Answers will vary.

Actividad 3-14: Rutinas diferentes
Paso 1. Answers will vary.
Paso 2. 1. México; 2. sociable, atlética y/o expresiva; 3. filosofía; 4. 8:30; 5. 6:30; 6. desayuna; 7. se viste; 8. el trabajo; 9. estudia, se acuesta; 10. 23-54-84
Paso 3. Answers will vary.

Actividad 3-15: ¿Qué están haciendo?
Paso 1. Answers will vary.
Paso 2. Answers will vary.

Integración comunicativa
Actividad 3-16: Los estudios de una alumna hispana
Paso 1. 1. F; 2. F; 3. F; 4. C; 5. F.
Paso 2. 1. Quiere especializarse en la historia colonial de México; 2. Este semestre tiene muchos cursos; 3. Habla bien el francés. (Habla el francés perfectamente.)
Paso 3. Answers will vary.
Paso 4. Answers will vary.

Actividad 3-17: Cualidades de una universidad
Paso 1. Cualidades Buenas: 1. Los profesores enseñan muy bien; 2. Hay muy buenas computadoras y tecnología variada para los estudiantes; 3. La universidad ofrece becas de estudio muy buenas; Cualidades Malas: 1. Hay muy poca variedad de clases en entomología; 2. Es dificil ir de una clase a otra porque el campus es muy grande; 3. Los profesores famosos en su disciplina no enseñan en la universidad.
Paso 2. 1. La universidad de Sara está en la ciudad de México; 2. La carrera de Sara es la entomología; 3. Sara está pensando en asistir a otra universidad porque los profesores famosos en su disciplina enseñan en otra universidad; Porque su universidad no ofrece mucha variedad de clases en su disciplina.
Paso 3. Answers will vary.

Actividad 3-18: El sistema métrico
Paso 1. Answers will vary.
Paso 2. Answers will vary.
Paso 3. 1. C; 2. F; 3. F; 4. C; 5. F.
Paso 4. Answers will vary.

Comparaciones culturales
Actividad 3-19: El muralismo
Paso 1. Section 1: 1. El muralismo representa la cultura y la historia de una sociedad; 2. El muralismo en México comienza después de la revolución mexicana; 3. Diego Rivera es uno de los muralistas más famosos de México.
Section 2: 1. Los murales de Diego Rivera son gigantescos; 2. La historia de su mural en el Palacio termina en los años 40; 3. El mural de Diego Rivera en Michigan es sobre de la industria de Detroit.
Section 3: 1. El mural de La ofrenda está en Los Ángeles; 2. Dolores Huerta y otros defienden a los obreros migratorios en los EE.UU; 3. La muralista se llama Yreina Cervantes.

Paso 2. Answers will vary.
Paso 3. Answers will vary.

Las impresiones de Guadalupe: Actividades para el video

Actividad 3-20: ¿Qué cursos llevas?

Paso 1. 1. lunes, martes y jueves; 2. química y francés; 3. Noticias para televisión; 4. presentación de noticias (de radio o de televisión).
Paso 2. lunes: historia, matemáticas y física; martes: historia, matemáticas, física, comunicación; miércoles: geografía; jueves: geografía; viernes: historia, matemáticas y física.
Paso 3. 1. Pablo; 2. Pablo; 3. Camille; 4. Guadalupe; 5. Guadalupe; 6. Guadalupe.

Actividad 3-21: ¡Qué casualidad!

Paso 1. 1. Pablo suggests that he and Lupe go speak to Prof. Parra together; 2. Lupe doesn't like Pablo much because she thinks he's a little arrogant and he is competing with her for the job at the radio station.
Paso 2. Answers will vary.

Actividad 3-22: ¡Qué padre!

Paso 1. 1. b; 2. a.
Paso 2. Answers will vary.

Actividad 3-23. ¿Cuándo se especializa?

1. In U.S. universities, students complete their BA before beginning medical or law school; 2. In the Hispanic university system, students begin professional studies immediately after the equivalent of high school, as they begin their university studies.

Capítulo 4

Las rutinas y las profesiones

Vocabulario en contexto

Actividad 4-1. ¡Que se levante el verdadero profesional!

1. 3; 2. 1; 3. 3.

Actividad 4-2. La "mejor" carrera o profesión

Paso 1. Elena: cocinera, maestra; Marcos: secretario, bombero; Felipe: (*no mention*), electricista; Mariolina: (*no mention*), carpintera.

Paso 2. 1. carpintero; 2. carpintero; 3. maestro; 4. bombero; 5. electricista; 6. maestro; 7. electricista; 8. maestro; 9. secretario; 10. electricista; 11. bombero; 12. maestro.
Paso 3. Answers will vary.

Actividad 4-3. La ropa

Paso 1. 1. DRT; 2. CRF; 3. DRF; 4. CRT/CRF; 5. DRT/DRD; 6. CRD/CRT; 7. CRT; 8. DRD; 9. CRD; 10. CRT; 11. CRF; 12. CRD; 13. DRD; 14. DRF/CRT.; 15. CRD; 16 DRF/DRT.
Paso 2. 1. Ropa de trabajo para caballeros; 2. Ropa de trabajo para damas; 3. La tienda no tiene ropa para niños; 4. Ropa deportiva para damas y para caballeros; 5. Ropa deportiva para caballeros.

Actividad 4-4. El tiempo, las estaciones, el estado de ánimo y la ropa

Paso 1. Answers will vary.
Paso 2. Answers will vary.
Paso 3. Answers will vary.
Paso 4. Answers will vary.

Intercambios comunicativos

Actividad 4-5. Los saludos

Paso 1. 1. 3; 2. 2; 3. 1; 4. 5; 5. 4.
Paso 2. La relación es: cercana; Prueba: Se saludan con "tú". Los dos quieren seguir hablando.
Paso 3. Answers will vary.
Paso 4. 1. c; 2. a; 3. b; 4. Answers will vary.

Enfoque cultural

Actividad 4-6. Cuba y la República Dominicana

Paso 1. Deleted sentences: 2. b; 3. e; 4. a; 5 d.
Paso 2. 1. b; 2. d; 3. e; 4. a; 5. c.
Paso 3. Los 60 (Rep. Dom) Trujillo es asesinado, hay una nueva constitución; (Cuba) Fidel Castro es líder del país, se establece el comunismo; Los 70 (Rep. Dom) Guzmán aumenta los sueldos y nacionaliza el transporte público; (Cuba) Carter levanta la prohibición de viajar a Cuba, la OEA termina las sanciones contra Cuba; Los 80 (Rep. Dom) hay problemas económicos, el presidente Blanco es declarado culpable de corrupción; (Cuba) se establece la Oficina de Asuntos Religiosos; Los 90 (Rep. Dom) protestan en contra del plan económico del presidente Fernández; (Cuba) visita del Papa Juan Pablo II, la Unión Soviética se va de Cuba.

Gramática en contexto

Actividad 4-7 Los verbos recíprocos

Paso 1. 1. b; 2. a; 3. b; 4. b.

Paso 2. Answers may vary, but sample answers are:
1. Sí, nos vemos y nos acercamos, pero no somos novios; 2. Sí, nos abrazamos, pero sólo somos amigos; 3. Sí, nos escribimos, pero no son cartas de amor, son prácticas y ejercicios para nuestra clase; 4. Sí, no miramos y nos hablamos, pero no es nada romántico. Sólo estudiamos juntos.

Actividad 4-8. ¿Qué prefieren?

Paso 1. 1. a; 2. c; 3. c; 4. b; 5. c.
Paso 2. Answers will vary.

Actividad 4-9. La hago y la traigo

1. oímos; 2. dice; 3. pongo; 4. salgo; 5. hago; 6. traigo.

Actividad 4-10. ¿Cómo es el lugar de trabajo?

Paso 1. 1, 3, 5, 6.
Paso 2. 1. abogada; 2. ayuda a sus clientes a obtener visados; 3. le gusta practicar deportes, juega al tenis dos veces a la semana y hace ejercicio aeróbico dos días a la semana; 4. ropa formal y elegante; 5. cordiales e informales; 6. formales y buenas.

Actividad 4-11. El futuro immediato

1. d; 2. a; 3. e; 4. b; 5. c.

Actividad 4-12. Planes para el próximo semestre

Answers will vary, but should include the following forms: 1. voy a…; 2. van a…; 3. vamos a…; 4. va a…

Actividad 4-13. Adverbios terminados en -mente

Answers will vary. Sample answers include:
1. continuamente; 2. lentamente; 3. frenéticamente; 4. cuidadosamente; 5. frecuentemente.

Integración comunicativa

Actividad 4-14. El empleo

Paso 1. 1. Elena Aguirre; 2. José Salvador; 3. cajero de banco; 4. treinta mil dólares; 5. seis; 6. Answers will vary.
Paso 2. Nombre y Apellido: Anthony Mitchell; Fecha de Nacimiento: (will vary according to the year);
Nacionalidad: no mention; Estado Civil: casado; Teléfono: 2-92-16-64; Correo Electrónico: AMitchell@yoda.com.; Estudios: Licenciatura en español, Universidad de Ioumaw; Ocupación Actual: traductor para una joyería; Información Complementaria: hace de intérforte inglés-español, viaja a Costa Rica donde enseña inglés y perfecciona su español; Referencias: Profesor Allende, Departamento de Lenguas Modernas, Señor Montague dueño de la joyería.
Paso 3. Answers will vary, but some of the personal information given by Anthony may not be necessary in his cover letter and resume.
Paso 4. 1. Buenas tardes; 2. Sí, solicito empleo en su compañía; 3. Mi nombre es (*answers will vary*) y mi apellido es (*answers will vary*); 4. Sí, asisto a la universidad; 5. Mi especialización es (*answers will vary*); 6. Pienso graduarme en el año (*answers will vary*); 7. Quiero trabajar para su compañía porque (*answers will vary*).

Comparaciones culturales

Actividad 4-15. Miami, la capital de América Latina

Paso 1. 1. La mayoría de los hispanos de Miami vienen de Cuba; 2. La sección de Miami ocupada por los primeros cubanos se llama La Pequeña Habana; 3. A los latinos que trabajan en Miami se les concede mucha importancia económica; 4. El chiste es que no consideran Miami parte de los Estados Unidos porque la ciudad es muy cubana.
Paso 2. 1. exiliado; 2. café cubano; 3. dominó; 4. Answers will vary.

Actividad 4-16.

1. los dominicanos que viven en los Estados Unidos; 2. Nueva York y Nueva Jersey; 3. los problemas económicos; 4. medio millón.

Actividad 4-17. El éxito en los negocios

Paso 1. 1. b; 2. c; 3. a.
Paso 2. Answers will vary but should include qualities such as: *trabajador(a), disciplinado(a), visionario(a), innovador(a), arriesgado(a)...*
Paso 3. Answers will vary.

Actividades 4-18. Los beneficios de la siesta.

Paso 1. Por la constitución fisiológica del cuerpo humano; 2. Las personas tienen más resistencia al

estrés, a la depresión, a las enfermedades cardíacas, descansan mejor durante la noche y tienen más rendimiento durante el día; 3. Recomiendan una siesta de veinte minutos pero no más de ochenta.
Paso 2. Answers will vary.

Actividad 4-19. Hemingway y Cuba

Paso 1. 1. Vive en la finca Vigía cerca de La Habana; 2. Vive en Cuba con su tercera esposa, Martha Gellhorn, y luego con su cuarta esposa, Mary Welsh; 3. Escribe cartas, cuentos y entre otros pasatiempos, pesca en el golfo; 4. Se llama *The Old Man and The Sea*; 5. ¡Tiene 57 gatos!
Paso 2. Answers will vary.

Las impresiones de Guadalupe: Actividades para el video

Actividad 4-20. La ropa y el clima

Paso 1. Guadalupe lleva camiseta (o playera) y jeans (o vaqueros). Camille lleva una blusa de seda y un, pantalón de vestir. Pablo viste una camisa de manga larga y pantalones de vestir. El Profesor Parra lleva una camisa de vestir de manga larga y un par de pantalones de vestir.
Paso 2. *jeans*: pantalones de mezclilla; pantalones vaqueros o vaqueros en España; *T-shirt*; playera; remera; camiseta.
Paso 3. 1. Hace buen tiempo; está nublado; 2. Hace buen tiempo; 3. la primavera o el otoño.

Actividad 4-21. ¿Qué van a a hacer?

Paso 1. 1. a; 2. b; 3. d; 4. c; 5. e.
Paso 2. 1. Guadalupe; 2. Guadalupe; 3. Profesor Parra; 4. Profesor Parra; 5. Guadalupe.

Actividad 4-22. ¿Cómo van a ser las relaciones entre los personajes?

Paso 1. Answers will vary, but possible answers are: 1: Cierto; *Guadalupe is happy to find out that Jordi will be working at the radio station*; 2. No sé; *we do not know much about his feelings for Guadalupe*; 3. Falso; *Guadalupe is ironic with Pablo; she does not like the fact that she has to compete with him for the job at the radio station*; 4. No sé; *we do not know much about his feelings for Guadalupe.*
Paso 2. Answers will vary.
Paso 3. Answers will vary.

Capítulo 5

Las fiestas y las tradiciones
Vocabulario en contexto
Actividad 5-1. Las fiestas y las celebraciones

1. El Día de los Reyes Magos, se reciben regalos de los reyes magos. Es el 6 de enero; 2. La Noche Vieja se va a fiestas elegantes y se toma champán; 3. La Pascua es el domingo de la Semana Santa cuando se asiste a la iglesia y se hacen reuniones familiares; 4. Para el cumpleaños, todos traen regalos y se come un pastel con velas; 5. El Día de Acción de Gracias se sirve pavo, se mira un partido de fútbol americano en la tele y se duerme una siesta después de la cena. Es en el mes de noviembre; 6. El Día de los Muertos, se va al cementerio, se llevan las cosas favoritas de los muertos a su tumba y se habla de la vida de los antepasados.

Actividad 5-2. La familia y las fiestas

Paso 1. 1. tres; Oscar, Francisca y Natalia; 2. cuatro; 3. un, una; 4. cuatro, ningún; 5. una; 6. catorce; dos.
Paso 2. Answers will vary.

Actividad 5-3. ¿Saber o conocer?

1. sabes; 2. conocer; 3. conoces; 4. sé; 5. conocen; 6. conozco.

Actividad 5-4. El gran misterio

Paso 1. Checks for items 4 and 7 only; this crime is probably not the eighth in the series because the robber took money and jewels in addition to gifts, plus he stole something from a child.
Paso 2. 1. nadie; 2. Algunas; 3. Siempre; 4. Algunas 5. Nadie; 6. también; 7. Algo; 8. siempre; 9. Nunca; 10. De algún modo.
Paso 3. Possible evidence for not guilty: 1. Mr. Carbón said he doesn't steal things from children, but the picture shows a tricycle being stolen; 2. He enters houses through windows, not doors; Possible evidence for guilty: 1. The house fits his description of likely sites— small and far from other houses; 2. He stole a gift plus other things (and lied about not stealing from children); 3. The robbery took place during the day.
Evidencia de no culpabilidad (*not guilty*): 1. El Sr. Carbón dijo que no les roba a los niños, pero en el dibujo se ve que se lleva un triciclo; 2. El Sr. Carbón

entra en las casas por la ventana, no por la puerta; Evidencia de culpabilidad: 1. La casa se ajusta su descripción de sitios probables—pequeña y lejos de otras casas; 2. El robó un regalo y otras cosas más (y mintió cuando dijo que no robaba a los niños); 3. El robo tuvo lugar durante el día.

Intercambios comunicativos

Actividad 5-5. Un tema polémico

Paso 1. 1. ¿Qué crees?; 2. En mi opinión; 3. En primer lugar; 4. impuestos; seguro social; 5. Me parece que; 6. Tienes razón; por otro lado; 7. Creo que estás equivocado.
Paso 2. Answers will vary.
Paso 3. Answers will vary.
Paso 4. Answers will vary.

Enfoque cultural

Actividad 5-6. La vida de una puertorriqueña

Paso 1. 1. d; 2. e; 3. f; 4. b; 5. g; 6. c; 7. a.
Paso 2. lunes: camina por las sendas del bosque tropical El Yunque; miércoles: come y bebe en una fonda de su barrio; jueves: explora las cavernas de las cuevas del Río Camuy; sábado: visita la fortaleza de San Felipe, El Morro; domingo: descansa, toma el sol, nada y se relaja en una playa.
Paso 3. Answers will vary.

Actividad 5-7. La música folclórica de Puerto Rico

Paso 1. 1. baladas; 2. jíbaros; 3. diez; 4. ocho; 5. A, C, C; 6. Jiménez; 7. Jíbaro; 8. Navidad; 9. compañía.
Paso 2. 1. lavadora; 2. mí; 3. coquí; 4. Mamá; 5. exclamó; 6. acá.

Gramática en contexto

Actividad 5-8. El impersonal

Paso 1. 1. T; 2. L; 3. L; 4. H; 5. T; 6. T; 7. L.
Paso 2. Answers will vary.
Paso 3. Brochure designs will vary.

Actividad 5-9. Informe de Puerto Rico

2. está; 4. es; 6. Hay; 9. es; 10. estoy; 12. es; 14. hay; 16. estoy; 17. hay.

Actividad 5-10. Expresiones negativas

Paso 1. No, nadie me visita/no me visita nadie; 2. No, no gasto nada; 3. No, no bailo el tango nunca; no, nunca bailo el tango; 4. No, no conozco a ninguna persona famosa.
Paso 2. Answers will vary.

Actividad 5-11. Adjetivos posesivos

Answers will vary, but should begin as follows: 1. Mis padres tienen…, Su(s)… es/son…; 2. Mi mejor amigo/a tiene…, Su(s)… es/son…; 3. Yo tengo…, Mi(s)… es/son…; 4. Mi mejor amigo y yo tenemos…, Nuestro/a/s … es/son…

Actividad 5-12. ¿De quién son?

1. blusa: de Verónica; 2. libros: de Pamela; 3. vestidos blancos: de nadie; 4. computadora: de Verónica, Pamela y Enrique; 5. silla: de Enrique; 6. sofá: de Marisol y Rosalinda; 7. disco compacto: de Pamela; 8. platos: de nadie.

Actividad 5-13. Pronombres de objeto indirecto

Paso 1. 1. me; 2. les; 3. me; 4. te; 5. te; 6. les; 7. les; 8. les; 9. Me.
Paso 2. 1. A; 2. A; 3. A.
Paso 3. Enrique offers his roommates the white dresses that they teased him about when they were moving in to their new apartment.

Actividad 5-14. Gustar y verbos similares

Paso 1. Answers will vary.
Paso 2. Answers will vary.

Integración comunicativa

Actividad 5-15. Las fiestas patronales de Puerto Rico

Paso 1. 1. religiosas; 2. africano; 3. días; 4. hacen; 5. semana; 6. patrón; 7. febrero; 8. mayo.
Paso 2. 1. Cada ciudad celebra una fiesta patronal; 2. Las fiestas duran diez días; 3. El santo patrón de Arecibo es el Apóstol San Felipe; 4. La fiesta patronal de Lajas comienza el dos de febrero.
Paso 3.
Pueblo: Cabo Rojo; Santo Patrón: la Virgen del Carmen; Fecha: el 30 de agosto: Santo Patrón: San Antonio de Padua
Paso 4. Answers will vary.
Paso 5. Answers will vary.

Comparaciones culturales

Actividad 5-16. Don Luis Muñoz Marín

Paso 1. Answers will vary.
Paso 2. Answers will vary.

Paso 3. Answers will vary.
Paso 4. Answers will vary.

Actividad 5-17. El Coquí
Paso 1. 1. rana; 2. bosques; 3. pequeño; 4. sonido; 5. símbolo.
Paso 2. Answers will vary.

Actividad 5-18. Palabras comunes de Puerto Rico
1. un restaurante al aire libre; 2. un café pequeño; 3. una playa; 4. una tienda de comestibles; Frases originales: Answers will vary.

Las impresiones de Guadalupe: Actividades para el video

Actividad 5-19. Cuestión de opiniones
Paso 1. 1. faltan; 2. encanta; 3. parece; 4. interesa, cambien.
Paso 2. Answers will vary.

Actividad 5-20. ¿Cómo se puede organizar mejor el festival?
Paso 1. 1. Jordi; 2. Guadalupe.
Paso 2. Answers will vary.

Actividad 5-21. ¿Cómo hablan los personajes?
Paso 1. 1. c; 2. a; 3. d; 4. b.
Paso 2. 1. Jordi; 2. Guadalupe.

Capítulo 6

Los pasatiempos y la conversación

Vocabulario en contexto

Actividad 6-1. ¿Cómo pasan el tiempo libre los jóvenes en las ciudades españolas?
Paso 1. 1. encontrarse con amigos, tomar copas; 2. desayunar y descansar; 3. ir de tapas y tomar cerveza; 4. cenar; 5. bailar.
Paso 2. 1. Las cañas son vasitos de cerveza; 2. Las tapas son comidas en miniatura, aperitivos como las aceitunas.
Paso 3. Answers will vary.

Actividad 6-2. Un lugar para cada cosa
Paso 1. 1. trabaja; 2. restaurante; 3. ve una obra de teatro; 4. café; 5. zoológico; 6. ve una película; 7. cine; 8. estadio; 9. bailar.
Paso 2. 1. 4, 8; 2. 12; 3. 6; 4. 7; 5. 5:30; 6. 9; 7. 9; 8. 3.
Paso 3. 1. el museo de arte moderno; 2. De 9 a 6 todos los días; 3. los sábados y los domingos.

Actividad 6-3. Ritmos latinos
Paso 1. 1. c; 2. h; 3. a; 4. f; 5. b; 6. e; 7. d; 8. g.
Paso 2. Answers will vary.

Actividad 6-4. Invitaciones
Paso 1. Answers will vary.
Paso 2. Answers will vary.

Actividad 6-5. Lugares para tomar algo y conversar
Paso 1. 1. restaurante; 2. bar; 3. discoteca.
Paso 2. 1. ¿Qué te parece si…?; 2. Si no tienes planes…; 3. Si te interesa…

Actividad 6-6. La comida y la bebida
Paso 1. 1. carne de res, pavo; 2. flan, refrescos; 3. langosta, cerveza.
Paso 2. 1. calabacín, zanahorias; 2. agua, pollo; 3. leche, cereal.
Paso 3. Answers will vary.

Intercambios comunicativos

Actividad 6-7. ¿Cómo se dice?
Paso 1. 1. e; 2. d; 3. a; 4. b; 5. c.
Paso 2. Possible answers: 1. Es la persona que prepara y cocina la comida en un restaurante; 2. Por lo general es el primer plato que comes en un restaurante; 3. Es el segundo plato que comes en un restaurante; 4. Es una comida dulce que comes después de comer el plato principal.
Paso 3. 5. el bistec; 1. El café; 7. La mostaza; 8. La ensalada mixta.

Enfoque cultural

Actividad 6-8. El flamenco
Paso 1. 1. sur; 2. baile; 3. música; 4. chico; 5. serias; 6. tristes; 7. feliz; 8. sofisticado; 9. bailaor; 10. tacones; 11. único; 12. tablaos.
Paso 2. 1. c; 2. d; 3. f; 4. e; 5. b; 6. a.
Paso 3. Answers will vary.

Actividad 6-9. Algunas regiones de España: Andalucía y Cataluña

Paso 1. Answers will vary slightly: 1. El clima es ideal; 2. Se puede disfrutar de los monumentos y la arquitectura de la región; 3. Se puede aprender la historia de la unión de dos culturas en una: la latina con la árabe.

Paso 2. 1. los romanos; 2. los musulmanes (los moros); 3./4. construyen su mezquita; influyen en el léxico del español; 5. los cristianos; 6. el año 1236; 7. los judíos.

Paso 3. 1. cierto; 2. falso; 3. cierto; 4. falso; 5. cierto; 6. falso; 7. falso

Paso 4. 1. En tiempos antiguos los griegos y los romanos comercian con la región. 2. El rey de los francos se llama Carlomagno; 3. Las leguas oficiales de la región son el español el catalán porque hoy día hay muchas personas que hablan catalán; 4. La ciudad más importante de Cataluña se llama Barcelona.

Paso 5. 1. El catalán llega a ser una de las lenguas oficiales de la región en el año 1979; 2. Seis millones de personas hablan el catalán como lengua nativa; 3. En el año 1980 Cataluña elige su propio parlamento como región autónoma.

Paso 6. Students should mark the following places on the map of Barcelona: Plaza de Cataluña, Museo Picasso, Las Ramblas, Fundación Joan Miró, el Barrio gótico, la fuente *Font de Canaletes*.

Paso 7. 1. Sí; 2. No; 3. No; 4. Sí; 5. No; 6. Sí; 7. No.

Paso 8. Answers will vary.

Gramática en contexto

Actividad 6-10. ¿En qué orden ocurrió?

1. segundo; 2. cuarto; 3. tercer; 4. primer

Actividad 6-11. Más hechos históricos

1. primer; 2. quinto; 3. séptima; 4. segunda; 5. primera

Actividad 6-12. ¿Lo o la?

Paso 1. 1. la: la paella; 2. la: la paella; 3. la: la Señora Pérez; 4. lo: el señor Prieto.

Paso 2. 1. el nombre; 2. la Familia; 3. el periódico; 4. películas españolas; 5. no hay

Paso 3. 1. Sí/No, no lo sé. 2. Sí/No, no la conozco; 3. Sí/ No, no lo leo; 4. Sí/No, no voy para verlas; 5. Sí/No, no trabajo o estudio con una persona española.

Actividad 6-13. ¿Me acompañas?

Paso 1. 1. b.; 2. b.

Paso 2. 1. te; 2. te; 3. me; 4. te; 5. te.

Actividad 6-14. Nos, los y las

Paso 1. 1. las Fuerzas Armadas; 2. las cámaras o las Cortes; 3. los representantes; 4. nosotros, el pueblo español (the Spanish people).

Paso 2. 1. monarquía parlamentaria; 2. presidente, rey; 3. Parlamento; 4. representantes; 5. seis.

Actividad 6-15. Consejos

Paso 1. Answers will vary.

Paso 2. Answers may vary, but possible responses include: 1. Estudia más y no salgas todas las noches; 2. Acuéstate temprano y no vayas a bailar; 3. No comas muchas tapas y haz más ejercicio.

Integración comunicativa

Actividad 6-16. Una tortilla española

Paso 1. From the apartment building in the southwest corner of the map, Sophia should turn right, continue past the church and school, turn left onto the next street, go north for almost three blocks and enter the market on the east side of the street.

Paso 2. Answers may vary, but a possible response is: Sal del mercado, dobla a la izquierda. Camina tres cuadras y dobla a la derecha en la calle donde está, la escuela frente a la iglesia. Sigue derecho hasta llegar al apartamento.

Actividad 6-17. En la cocina

Paso 1. 1. cuatro o cinco; 2. cinco; 3. una; 4. dos tazas 5. un poco; 6. medio.

Paso 2. 1. pela; 2. lava; 3. seca; 4. corta; 5. echa; 6. pon; 7. baja; 8. Añade; 9. saca; 10. escurre; 11. bate; 12. mezcla; 13. vierte; 14. cocina; 15. da; 16. Vuelve; 17. coloca

Paso 3. Answers will vary.

Actividad 6-18. El restaurante

Paso 1. 2. S; 3. A; 5. S; 9. A; 10. S.

Paso 2. 1. C; 2. A; 3. S; 4. S; 5. A.

Paso 3. Answers will vary.

Comparaciones culturales

Actividad 6-19. El cine: un espectáculo tradicional

Paso 1. 1. a; 2. b; 3. a.

Paso 2. Answers will vary.

Paso 3. Título: *Every time we say goodbye;* Director:

Moshe Mizrahi; Año: 1986; Tema: Una historia román- tica como Romeo y Julieta. Un soldado americano se enamora de una muchacha israelí durante la segunda guerra mundial; Actor famoso: Tom Hanks; Aspectos interesantes de la película: Es la primera película seria de Tom Hanks. Hay mucho diálogo en dialecto ladino. **Paso 4.** 1. El dialecto español que se usa en el diálogo se llama ladino; 2. Tiene importancia porque es su primera película seria; 3. Interpreta el papel de un sol- dado americano que se enamora de una muchacha israelí durante la segunda guerra mundial. **Paso 5.** Answers will vary.

Actividad 6-20. ¿Qué tipo de espectáculo es el toreo?

Paso 1. 1. redondel; 2. torero; 3. corrida; 4. picador; 5. capote; 6. banderilleros; 7. dardos; 8. espada; 9. espec- tadores; 10. trofeos.
Paso 2. 1. B; 2. D; 3. I; 4. C; 5. E; 6. A; 7. H; 8. G; 9. J; 10. F.
Paso 3. Answers will vary.
Paso 4. Answers will vary.

Las impresiones de Guadalupe: Actividades para el video

Actividad 6-21. Gambas y camarones

Paso 1. 1. al ajillo; 2. los mariscos; 3. gambas; 4. gris- es; 5. se enrojecen; 6. camarones.
Paso 2. Son estos animalitos, cuando están vivos son que, grises pero cuando los cocinas se enrojecen y se ponen redondos... estan geniales con la paella...
Paso 3. Answers will vary.

Actividad 6-22. Invitaciones y sugerencias

Paso 1. Jordi: 1 y 6; Guadalupe: 2, 3, 4, 5.
Paso 2. segundo: 2; tercero: 5; cuarto: 6; quinto: 3; sexto: 4.
Paso 3. Ayúdame, Considera, no le digas, Explícame, Ve, Ven; 1. ayudar; 2. considerar; 3. decir; 4.explicar; 5.ir; 6. venir.
Paso 4. Answers will vary.

Actividad 6-23. ¿Cómo hablan los personajes?

Paso 1. 1. Guadalupe; 2. Jordi; 3. Jordi; 4. Guadalupe; functions: 2, 3, 1, 4.
Paso 2. Possible answers are: apetece, cocinas, conoce, decís, difícil, enrojecen, exposición, hacer, parece.

Capítulo 7

Las artes y los deportes

Vocabulario en contexto

Actividad 7-1. Características de varios deportes

Paso 1. Answers may vary, but likely responses are: Individual: la pesca, la natación, el esquí acuático, el yoga, el golf; en pareja: levantar pesas, el tenis; para mirar: el béisbol, el baloncesto, el fútbol.
Paso 2. Answers depend to some extent on Paso 1, but likely responses most least to most active are: 1. la pesca, el golf, el yoga, el esquí acuático, la natación; 2. levantar pesas, el tenis.
Paso 3. Answers will vary.

Actividad 7-2. Los deportes y actividades atléticas

1. el delantero; 2. una aficionada; 3. el entrenador; 4. el árbitro.

Actividad 7-3. Los deportes y las artes.

Paso 1. Answers will vary.
Paso 2. Answers will vary.

Intercambios comunicativos

Actividad 7-4. Fue sin querer.

Paso 1. Escena 1: a) En la piscina, b) Una nadadora habla con su entrenador. Faltó ayer a la práctica, c) Sí, él la disculpó; Escena 2: a) En una escuela de arte, b) Un estudiante de arte toma el pincel del maestro para pintar sin pedirle permiso, c) Sí, lo perdonó; Escena 3: a) En una fila para comprar entrados, b) Un hombre se mete en fila delante de una mujer, c) Sí, ella lo disculpó.
Paso 2. Escena 1: ¡Sí, sí, perdón, mil disculpas!; Escena 2: Perdón; Escena 3: Sí, sí, sí, disculpemé, . . . fue sin querer.
Paso 3. Answers will vary.
Paso 4. Answers will vary.

Enfoque cultural

Actividad 7-5. Hablemos de Argentina y Uruguay.

Paso 1. 1. a; 2. d; 3. c; 4. b; 5. e; 6. f.
Paso 2. Answers may vary. Possible answers: Colonia: Fue la primera ciudad de Uruguay y los portugueses la fundaron en 1680. Buenos Aires: Los ciudadanos de

Buenos Aires se llaman porteños. La ciudad se fundó hace más de cuatrocientos años. En el siglo diecinueve, un cambio radical ocurrió en la arquitectura de la ciudad cuando los edificios coloniales españoles fueron destruídos y reemplazados por edificios al estilo francés.

Paso 3. 1. b; 2. a; 3. c; 4. a; 5. c; 6. b.
Paso 4. 1. A; 2. U; 3. A.
Paso 5. Answers may vary.

Gramática en contexto

Actividad 7-6. Pretérito: Tercera persona singular

1. comenzó; 2. se despertó; 3. comió; 4. tomó; 5. salió; 6. leyó; 7. asistió; 8. cambió; 9. encontró; 10. pensó; 11. fue; 12. entregó; 13. sorprendió.

Actividad 7-7. Préterito: Primera y segunda persona singular

1. empecé; 2. comí; 3. tomé; 4. asistí; 5. encontré; 6. encontraste; 7. me senté; 8. vi; 9. recogí; 10. llevé; 11. ganaste; 12. compraste; 13. compré; 14. reclamó 15. viste; 16. Leíste; 17. Pediste; 18. pedí.

Actividad 7-8. Préterito: Formas plurales

1. visité; 2. charlamos; 3. tomamos; 4. leímos; 5. vimos; 6. salimos; 7. asistimos; 8. nos paramos; 9. compraron; 10. regalaron; 11. empezaron; 12. vieron; 13. invitaron; 14. defendieron; 15. escribieron; 16. volvieron; 17. fui; 18. pude.

Actividad 7-9. Verbos irregulares en el pretérito

Paso 1. 1. fueron; 2. vio; 3. hizo; 4. perdió 5. se durmió; 6. anduvo; 7. leyó.
Paso 2. Answers may vary, but likely responses are: 1. tercero; 2. quinto; 3. cuarto; 4. sexto; 5. segundo; 6. séptimo; 7. primero.
Paso 3. Answers will vary.

Actividad 7-10. Salsa, candombe y cumbia

Paso 1. 1. Fue en el viejo teatro de la Avenida del Mar; 2. Él se puso un traje y ella un vestido; 3. El público comenzó a aplaudir; 4. Tocaron tres grupos: uno de candombe, otro de salsa y otro de cumbia; 5. El publico bailó durante el concierto; 6. Aplaudieron como cinco minutos; 7. Repitió la palabra "otra"; 8. Vieron a unos amigos de la universidad. A ellos les gustó el concierto también, pero los fascinó el grupo de cumbia; 9. El grupo que tocó candombe fue el que más

le gustó a Lisa.; 10. La madre de Lisa le ofreció entradas para el segundo concierto de los mismos grupos.
Paso 2. Answers will vary.

Integración comunicativa

Actividad 7-11. El fútbol y la Copa Mundial

Paso 1. 1. el trece de julio de 1930; 2. Uruguay; 3. trece países; 4. Argentina, Bélgica, Bolivia, Brasil, Chile, Estados; Unidos, Francia, México, Paraguay, Perú, Rumanía, Uruguay, Yugoslavia; 5. Uruguay (cuatro goles) y Argentina (dos goles); 6. Guillermo Stabile de Argentina (ocho goles); 7. alrededor de noventa mil espectadores.
Paso 2. Answers will vary.
Paso 3. Answers will vary.

Actividad 7-12. El Museo del Gaucho y las artes populares tradicionales

Paso 1. 1.d; 2. c; 3. a; 4. b.
Paso 2. Answers will vary.

Comparaciones culturales

Actividad 7-13. El pintor Quinquela Martín.

Paso 1. 1. b; 2. c; 3. b; 4. b; 5. c; 6. a.
Paso 2. 1. Cierto; 2. Falso; 3. Cierto; 4. Falso.
Paso 3. a. Benito estableció en una manzana de su barrio un mercado al aire libre para artistas llamada Caminito; b. Hoy día el mercado está abierto porque los artistas quieren presentar sus obras allí.
Paso 4. Answers will vary.

Actividad 7-14. El escritor Eduardo Galeano.
Paso 1.
1. Nació en Montevideo; 2. Su primera carrera fue el periodismo. También fue dibujante; 3. El Sol era un semanario socialista; 4. Se exilió en 1973 porque el gobierno militar tomó el poder; 5. La trilogía con la que ganó el *American Book Award* se llama *Memorias del Fuego*.
Paso 2. 1. c; 2. b; 3. c; 4. a; 5. a.
Paso 3. Answers will vary.

Las impresiones de Guadalupe: Actividades para el video

Actividad 7-15. Opiniones sobre arte

Paso 1. 1. Mae West; 2. Dalí; 3. Orozco; 4. el Museo Nacional de Arte Decorativo

Paso 2. Answers will vary.

Actividad 7-16. ¿Qué ocurrió durante la visita al museo?

Paso 1. 1. fue; 2. fueron; 3. vieron; 4. hablaron; 5. chocó; 6. chocó, 7. cayeron; 8. pidió; 9. Fue.
Paso 2. Answers will vary.

Actividad 7-17. ¿Experto o sensible?

Paso 1. Answers will vary.
Paso 2. Answers will vary.

Capítulo 8

La familia y la sociedad

Vocabulario en contexto

Actividad 8-1. Las relaciones familiares

Paso 1. 1. Armando: el padre de Victoria; 2. Cristina: la tía de Victoria; 3. Milagros: la sobrina de Victoria; 4. Federico: el hermano de Victoria; 5. Rosalía: la abuela de Victoria; 6. Oscar: el abuelo de Victoria.
Paso 2. 1. Rosalía; 2. Oscar; 3. Cristina; 4. Armando; 5. Federico; 6. Milagros.
Paso 3. 1. hermano; 2. padre; 3. yerno; 4. suegro; 5. nieta; 6. cuñada; 7. nuera.

Actividad 8-2. La familia y las descripciones

Paso 1. 1. tía; 2. 3 semanas; 3. *any three of the following*: inteligente, simpática, generosa, cómica, activa; 4. 68, moreno, azul brillante; 5. escuchar música árabe, bailar, comer; 6. intereses, actividades, experiencia, Africa.
Paso 2. Answers will vary.

Actividad 8-3. Los apellidos hispanos

Paso 1. Answers will vary.
Paso 2. 1. b,f; 2. a,e; 3. c,d.

Actividad 8-4. Diferentes etapas de la vida

Paso 1. Boda: 1. A; 2. M. 3. M; 4. V; 5. V; 6. V; Nacimiento: 10. V; 11. M; 12. M; Quinceañera: 7. M; 8. M; 9. V.
Paso 2. Answers will vary.

Actividad 8-5. Otras relaciones familiares

Paso 1. 1. Endora y Reinaldo; 2. Endora y Námira; 3. Reinaldo y Pupo; 4. Pupo; 5. Námira y Pupo;
6. Pupo y Endora; 7. Bejarano.
Paso 2. Answers will vary according to website and soap opera chosen.

Intercambios comunicativos

Actividad 8-6. Una conversación sobre la familia.

Paso 1. 1. 2, 3, 6.
Paso 2. 1. A; 2. A; 3. T; 4. T; 5. A.
Paso 3. 1. cayó; 2. cayó; 3. tomes; 4. tomes; 5. mercar.
Paso 4. 1. d; 2. e; 3. a; 4. b; 5. c.

Actividad 8-7. ¿Qué hacen las personas de edad avanzada?

Paso 1. Answers will vary.
Paso 2. 1. a; 2. b; 3. b; 4. b; 5. a.
Paso 3. Answers will vary.

Enfoque cultural

Actividad 8-8. ¿Dónde se habla español?

Paso 1. 1. d; 2. b; 3. c; 4. a.
Paso 2. 1. Israel; 2. hebreo, árabe, ladino; 3. ciento treinta mil; 4. la peseta; 5. Guinea Ecuatorial; 6. español, lenguas africanas; 7. sesenta y siete millones; 8. inglés, español, pilipino, chino, etc.
Paso 3. Answers will vary.

Actividad 8-9. Los idiomas de Filipinas

Paso 1. 1. idiomas; 2. chino; 3. escuelas; 4. pilipino; 5. regional.
Paso 3. 1. edukasyong; 2. kristiyanismo; 3. sekretarya; 4. sitwasyon; 5. kanta; 6. relehiyong katoliko.
Paso 4. 1. relehiyong katoliko (phrase 6); 2. edukasyong (phrase 1); 3. sitwasyon (phrase 4); 4. sekretarya (phrase 3); 5. kanta (phrase 5); 6. kristiyanismo (phrase 2)
Paso 5. Answers will vary.

Gramática en contexto

Actividad 8-10. La niñez de Fernando

Paso 1. Answers will vary based upon personal experience.
Paso 2. 1. ¿Siempre ibas a jugar a la casa de tu mejor amigo?; 2. ¿Practicabas el béisbol casi todos los días?; 3. ¿Siempre corrías, no te gustaba caminar?; 4. ¿Hacías tu tarea antes de cenar?; 5. ¿Llorabas mucho cuando no te permitían salir a jugar?; 6. ¿Aprendías canciones, cantabas, y bailabas?; 7. ¿Paseabas por el vecindario con tus padres por la tarde?; 8. ¿Te gustaba comer vegetales?

Paso 3. 1. Sí/ No, no iba a jugar a la casa de mi mejor amigo/a; 2. Sí/No, no practicaba el béisbol; 3. Sí/ No, no corría siempre; no me gustaba caminar; 4. Sí/No, no hacía mi tarea antes de cenar; 5. Sí/No, no lloraba mucho cuando no me permitían salir a jugar; 6. Sí/No, no aprendía canciones, ni cantaba, y bailaba. 7. Sí/No, no paseaba por el vecindario con mis padres por la tarde; 8. Sí/No, no me gustaba comer vegetales.

Actividad 8-11. La niñez de Fernando según su hermana Elizabeth

Paso 1. 1. era; 2. iba; 3. veía; 4. prefería; 5. jugaba; 6. dibujaba; 7. tocaba; 8. rompía.
Paso 2. 1. Se llevaban; 2. Eran; 3. hacían; 4. Escuchaban; 5. Jugaban; 6. Veían.

Actividad 8-12. Tu niñez

Answers will vary.

Actividad 8-13. ¿Cuándo supiste que no eras el centro del universo?

Paso 1. 1. d; 2. b; 3. a; 4. c.
Paso 2. 1. a; 2. a; 3. b; 4. b; 5. a.

Actividad 8-14. La memoria no siempre es exacta

Paso 1. 1. di; 2. vine; 3. di; 4. dieron; 5. dijimos; 6. vinieron; 7. dije.
Paso 2. 1. Guillermo; 2. Teresa; 3. Teresa; 4. Patricia.
Paso 3. Possible answers: Las fotos están perdidas en el correo.

Integración comunicativa

Actividad 8-15. Una episodio importante en su vida.

Paso 1. Persona 1: d; Persona 2: b; Persona 3: España
Paso 2. 1. se despejó; 2. hablaban en fang; 3. casi media hora; 4. Democrático Nacional; 5. Magallanes llegó allí; 6. muy avergonzados; 7. viajaba con frecuencia; 8. nos llevaban a muchos lugares interesantes; 9. vi a lo lejos.
Paso 3. Answers will vary.
Paso 4. Answers will vary.

Actividad 8-16. Guinea Ecuatorial

Paso 1. 1. Los derechos humanos en el país; 2. Una breve historia del país.
Paso 2. 1. c; 2. c; 3. c; 4. b.
Paso 3. Answers will vary.

Comparaciones culturales

Actividad 8-17. Juan Tomás Ávila Laurel

Paso 1. 1. b; 2. c; 3. b; 4. a.
Paso 2. Answers will vary.
Modelo: Él es de Guinea Ecuatorial, tiene 34 años y dice que es africano pero que también siente lo hispano....
Paso 3. 3 and 4.
Paso 4. 1. hermanos; 2. explotación; 3. poesía; 4. renombre; 5. Suiza; 6. novelas.
Paso 5. Answers will vary.

Las impresiones de Guadalupe: Actividades para el video

Actividad 8-18. ¿Cómo hablan los personajes?

Paso 1. 1. C; 2. G; 3. C; 4. C; 5. C; 6. G; 7. C; 8. G.
Paso 2. chulo-galán; parcial-examen; chévere-genial.
Paso 3. Answers will vary.

Actividad 8-19. Los parientes de Connie

Paso 1. 1. murió; 2. era; 3. decía; 4. queríamos; 5. cocinaba ; 6. se mudaron; 7. quise; 8. escuché; 9. visitaban; 10. se quedaban; 11. jugábamos; 12. enseñaban.
Paso 2. 1. focus on completion/end point of an event; 2-5. focus on ongoing event/habitual sense; 6. focus on completion/end point of an event; 7. meaning is "I tried"; 8. focus on start of an event; 9-12. focus on ongoing event/habitual sense.

Actividad 8-20. Reacciones

Paso 1. 1. Connie snaps at Lupe because her friend doesn't notice that she's upset and needs to talk; 2. Answers will vary.
Paso 2. Answers will vary.
Paso 3. Answers will vary.

Capítulo 9

Los viajes y la cultura
Vocabulario en contexto

Actividad 9-1. Los medios de transporte

Paso 1. Cliente 1: carro, tren, autobús; Cliente 2: avión.
Paso 2. 1. F: no le gusta volar; 2. F: no sabe manejar; 3. F: piensa viajar en barco; 4. F: cree que (viajar en barco es) divertido.

Paso 3. Answers will vary.

Actividad 9-2. Preparativos de viaje

Cliente 1: 1, 2, 3, 4, 6, 9; Cliente 2: 3, 5, 7, 8, 10.

Actividad 9-3. El alojamiento

Paso 1. 1. precios económicos, a tres cuadras del centro de la ciudad, baño privado; 2. con una bella vista del parque nacional Torres del Paine; 3. precios razonables; 4. Hostal Oro Fueguino.
Paso 2. Answers will vary.
Paso 3. Answers will vary.

Actividad 9-4. De viaje

Answers will vary.

Actividad 9-5. Los inconvenientes de los viajes

Possible answers: 1. carro, avión, tren; 2. avión, autobús, tren; 3. carro, tren.

Intercambios comunicativos

Actividad 9-6. Reacciones positivas y negativas

Paso 1. 1. ¡Qué bueno!; 2. Me alegro mucho; Extra: pero ¡que suerte! 3. Pero usted tiene un rostro de piedra; 4. ¡Qué horror! Extra: 5. ¡Qué barbaridad!
Paso 2. Answers will vary somewhat: Dijo algo negativo porque un hombre insistió en que no había pagado el pasaje y que pagara otra vez. Su amiga dijo algo negativo al escuchar el problema que tuvo. La amiga dijo algo positivo al escuchar que todo acabó bien.
Paso 3. Answer will vary.

Actividad 9-7. ¿Cómo se escribe una carta?

Paso 1. 1. Señora Ramírez; 2. Sin otro particular, la saluda cordialmente; 3. Señor González; 4. Dándole las gracias por anticipado, lo saluda.
Paso 2. Answers will vary.

Enfoque Cultural

Actividad 9-8. La geografía de Chile

Paso 1. 1. b; 2. b; 3. c; 4. b.
Paso 2. 1. La economía de la Isla de Pascua está basada en el turismo, la agricultura y la pesca; 2. Porque la descubrió un domingo de Pascua; 3. Fue descubierta en el año 1722.

Actividad 9-9. Las regiones de Chile

Paso 1. 1. Norte; 2. Centro; 3. Sur; 4. Centro; 5. Norte; 6. Sur.

Paso 2. En el norte se encuentran varios observatorios astronómicos debido a los cielos tan despejados de la región. En esta región tambien está uno de los desiertos más áridos del mundo, el Atacama, donde casi nunca llueve. El centro es donde se ve la mayoría de la agricultura; por ejemplo, es allí donde se cultivan las uvas que se usan para hacer los famosos vinos Chilenos. Además, en el centro vive la mayoría de la población. El sur es donde hay muchos bosques, volcanes y termas. (muchas de las termas se han hecho centros turísticos, como, por ejemplo, las Termas de Huife). En esta región es donde viven los mapuches. La parte más al sur se llama Patagonia, allí el país empieza a dividirse en muchas islas y el clima es muy frío.
Paso 3. Answers will probably include the following: Primer dato: Muchas de las termas se han hecho centros turísticos, como, por ejemplo, las Termas de Huife; Segundo dato: La parte más al sur se llama Patagonia, allí el país empieza a dividirse en muchas islas y el clima es muy frío.
Paso 4. Answers will vary.

Gramática en contexto

Actividad 9-10. Crónica de un viaje, Parte Uno

Paso 1. 1, 3, 4, 5, 6.
Paso 2. Imperfecto: hacía; llovía; pensaba; era; había; se servía; tenía; era; quería.
Pretérito: fui; hice, gustó; Llegue; tomé; encontré; costó; ensenó; visité; me quedé; Hice; monté; pesqué; tomé; anduve.
Paso 3. 1. imperfecto; 2. no se mencionó; 3. pretérito; 4. imperfecto; 5. pretérito; 6. pretérito
Paso 4. Answers may vary. Foregrounded information tends to be in the preterit, although the descriptions of the places are in imperfect and may be the focus/foreground, depending upon the traveler's intention.

Actividad 9-11. Crónica de un viaje, Parte Dos

1. me encontré; 2. fuimos; 3. excavaron; 4. Descubrieron; 5. existían; 6. caminábamos; 7. explicaba; 8. veíamos; 9. era; 10. era; 11. Caminamos; 12. aprendí; 13. sugerí; 14. Regresamos; 15. cenamos; 16. volví .

Actividad 9-12. Crónicas de un viajero, Parte Tres

1. Estaba; 2. Salía; 3. viajamos; 4. llegamos; 5. Había; 6. caminamos; 7. impresionaron; 8. navegamos; 9. volvimos; 10. fue.

Actividad 9-13. Crónica personal

Answers will vary.

Actividad 9-14. La personal

Paso 1. 1. a; 2. a; 3. b; 4. a.
Paso 2. Personal *a* required in 1, 2, 3, 6.

Actividad 9-15. *Hace* (time) *que* + verb in the present

Answers will vary.

Actividad 9-16. *Hace* (time) *que* + verb in the past

1. c; 2. b; 3. a.

Integración comunicativa

Actividad 9-17. Augusto Pinochet Ugarte

Paso 1. Persona 1: Datos: Nació el 25 de noviembre de 1915 en Valparaíso, Chile. Cuando tenía 17 años se alistó en el ejército. A los 28 años se casó con Lucía Hiriart y tuvieron, 5 hijos; Opinión: Es un héroe porque impidió que Chile se alineara con el comunismo e inició el periodo de expansión económica de Chile; Persona 2: Datos: Fue el jefe de las Fuerzas Armadas. Tomó el poder el 11 de septiembre de 1973. En 1998 los ingleses lo arrestaron en Londres para ser juzgado por sus delitos y crímenes; Opinión: Pinochet es un asesino. Murieron muchas personas bajo su gobierno y hubo represión y censura durante su presidencia. No debe ser senador vitalicio; Persona 3: Datos: No va a ser encarcelado porque tiene demencia. Está incapacitado mentalmente para ser juzgado; Opinión: No debe ser encarcelado porque ya es viejo—tiene 86 años. Está de acuerdo con el presidente Ricardo Lagos: Chile necesita cerrar este capítulo en su historia y pensar más en su futuro.
Paso 2. 1. Falso; 2. Cierto; 3. Cierto; 4. Falso; 5. Falso.
Paso 3. a. Augusto Pinochet Ugarte nació en Valparaíso, Chile; b. Se casó y tuvo cinco hijos; c. En 1998 fue detenido en Londres y arrestado.
Paso 4. Students will write their own draft.

Actividad 9-18. El pueblo chileno según Mark Anthony

Paso 1. 1. micros; 2. 300; 3. caracol; 4. pasaje; 5. bencina; 6. multicine.
Paso 2. 1. Un caracol es un lugar con un edificio circular y una calle estrecha donde hay muchas tiendas pequeñas que venden de todo. Han sido reemplazados por los *malls;* 2. Una Coca-Cola le costó seiscientos cuarenta pesos chilenos, o sea ochenta y cinco centavos americanos; 3. Un multicine es un cine con muchas salas, por ejemplo 16.
Paso 3. Answers will vary according to day and year (exchange rate)
Paso 4. Answers will vary, althought students will probably comment on how similar some aspects of large cities tend to be to one another, regardless of the country.

Comparaciones culturales

Actividad 9-19. Volodia Teitelboim, un autor chileno

Paso 1. 1. b; 2. a; 3. c; 4. a; 5. b.
Paso 2. 1. conoció; 2. Hijo del salitre; 3. Nacional; 4. Fiesta; 5. Comunista.
Paso 3. Answers will vary.

Actividad 9-20. La cultura Mapuche de Chile

Paso 1. 1. mapuches; 2. *Mapu*; 3. *che*; 4. 1541; 5. un millón y medio; 6. araucanos; 7. *huincas*; 8. 1885; 9. *Mapu-dugan*; 10. extinguirse.
Paso 3. 1. kewün; 2. mañíí; 3. laf.
Paso 4. Answers will vary.

Actividad 9-21. Diferencias dialectales: el voseo

Paso 1. 1. Expresión: ¿Cómo es que tú sabés hablar chino tan bien?, Estructura: 2; 2. Expresión: ¿Vos comes en la cafetería con frecuencia?, Estructura: 1; 3. Expresión: Vos escribís la carta, ¿verdad?, Estructura: 3; 4. Expresión: Tú caminás a la escuela cada día, Estructura: 2.

Las impresiones de Guadalupe: Actividades para el video

Actividad 9-22. El atractivo de los lugares

Paso 1. d, c, a, b.
Paso 2. a: una de las mecas; b: una réplica; c: los países más al sur de Latinoamérica.
Paso 3. Answers will vary.

Actividad 9-23. En la emisora

Paso 1. 1. lo, lo; 2. le, le; 3. les.
Paso 2. In statements 1 and 2, "no" should be deleted,

in 1 "pero" should be replaced with "y". Statement needs no correction.

Paso 3. 1. me saludó, me vio; 2. me dio, me dijo, iba; 3. nos dio.

Actividad 9-24. ¡Ánimo!

Paso 1. Answers will vary, but should follow this pattern. Guadalupe: Hace dos meses; Profesor Parra: Bueno, hace poco tiempo entonces. Seguro que lo recuerda rápidamente.

Paso 2. Answers will vary.

Paso 3. Answers will vary.

Capítulo 10

La comida y la dieta

Vocabulario en contexto

Actividad 10-1. Los grupos alimenticios

Paso 1. 1. alimentos típicos de un desayuno; 2. verduras o frutas de color rojo; 3. carbohidratos; 4. bebidas alcohólicas; 5. productos lácteos; 6. verduras; 7. granos.

Paso 2. Some options are: 1. cereal, leche, sopa; 2. pollo, pescado, cerdo; 3. lechuga, pepinillo, brócoli; 4. aceite de oliva, vinagre, sal; 5. café, refrescos, agua.

Actividad 10-2. ¿Qué desea tomar?

Paso 1. Although there could be variations according to personal diets and preferences these are adequate answers:1. b; 2. a; 3. c; 4. c; 5. b.

Paso 2. Answers are culturally and personally contingent, some possible answers include: vino: jefe, vecino, amigo; jugo de fruta: niño, abuelo, vecino, amigo; gaseosa o refresco: niño, abuelo, vecino, amigo; whisky: jefe, vecino, amigo; cerveza: jefe, vecino, amigo; café: jefe, vecino, amigo; té: abuelo, jefe, vecino, amigo; chocolate caliente: niño, abuelo; agua: niño, abuelo, jefe, vecino, amigo.

Actividad 10-3. Me encanta la carne roja

Paso 1. 1. Julián; 2. Marta; 3. Marta; 4. Julián; 5. Julián; 6. Marta.

Paso 2. Julián: aceite de oliva, carne roja, brócoli, lechuga, queso, tomate, zanahoria;
Marta: frijoles, garbanzos, leche, lentejas, pescado, queso.

Actividad 10-4. Descripciones de comidas

Paso 1. 1. g; 2. d; 3. b; 4. a; 5. h; 6. e; 7. c; 8. f.

Paso 2. 1.d; 2.a; 3. b; 4. c; 5. h; 6. f; 7. e; 8. g.

Paso 3. Answers will vary.

Actividad 10-5. Una dieta equilibrada

Paso 1. Desayuno: café negro, donuts (rellenos de chocolate); Media mañana: 2-3 tazas de café; Almuerzo: una carne (una hamburguesa) o pollo frito con papas fritas, un refresco, y a veces un helado o una tarta de manzana; Merienda: café, donut; Cena: carne con arroz o papa, vino, helado o yogurt.

Paso 2. 1. sí; 2. no; 3. no; 4. sí; 5. no; 6. sí.

Paso 3. 1. apropiada; 2. demasiada; 3. apropiada; 4. poca; 5. demasiada; 6. poca.

Paso 4. 1, 3, and 5.

Actividad 10-6. La papa: la base de la comida de los incas

Paso 1. 1. Inca; 2. variedades; 3. deshidratadas; 4. ingredientes; 5. bebida; 6. chicha; 7. papas; 8. comida.

Paso 2. 1. 4; 2. blancas; 3. amarillas; 4. huevo; 5. fresco, crema; 6. leche; 7. vegetal, oliva; 8. sal; 9. perejil.

Paso 3. Order: c, d, e, g, h, i, a, j, f, b.

Intercambios comunicativos

Actividad 10-7. Problemas en la cocina

Paso 1. 1. A; 2. J; 3. J; 4. J; 5. J; 6. A.

Paso 2. 1. b; 2. a; 3. a; 4. b; 5. b; 6. a; 7. b; 8. a; 9. b.

Paso 3. 1. cuatro; 2. sal; 3. cebolla; 4. dos; queso; 5. mantequilla.

Actividad 10-8. Recetas y Las recomendaciones.

Paso 1. 1. Sazone los mariscos con sal y pimienta; 2. Deje reposar; 3. Remoje los panes y las hojuelas en leche; 4. Ponga aceite en una sartén; 5. Haga un aderezo con cebolla, ajos, ají molido, sal, pimienta, comino y kión; 6. Agregue al aderezo el pan remojado y los mariscos; 7. Agregue el caldo de pescado; 8. Revuelva constantemente; 9. Añada el queso rallado y siga revolviendo; 10. Sirva sobre papas sancochadas; 11. Adorne con aceitunas y huevo duro; 12. Espolvoree con queso.

Paso 2. Answers will vary.

Paso 3. Answers will vary.

Enfoque cultural

Actividad 10-9. Un extranjero en Perú

Paso 1. 1. a; 2. b; 3. a; 4. b.

Paso 2. 1. música; 2. abierta; 3. pescado; 4. escribían; símbolos

Paso 3. 1. Cierto; 2. Falso; 3. Falso; 4. Falso

Paso 4. 1. A fines de los años setenta el uso del quechua todavía era muy marcado en la sierra; 2. La frutillada es una chicha preparada con fresas; 3. Los autores peruanos son mestizados y cualquier autor puede tocar cualquier tema.

Actividad 10-10. La gente indígena de Ecuador.

Paso 1. 1. b; 2. a; 3. c; 4. a.

Paso 2. 1. pantalones, quichua; 2. décimas; 3. cabezas; 4. paño.

Paso 3. 1. Los shuar viven en el sureste de la Amazonía; 2. En los grupos norteños los hombres visten pantalones blancos cortos y sombrero de paño; 3. La autora afroecuatoriana más conocida en Ecuador es Argentina Chiriboga, de Esmeraldas; 4. Las mujeres salasacas llevan chales de muchos colores.

Gramática en contexto

Actividad 10-11. Una receta para la abuela

Paso 1. e, d, b, a, c.

Paso 2. Agregue un cuarto kilogramo de mantequilla. Añada 6 cucharadas de leche y amase todo. Estire la masa en una mesa cubierta de harina y corte la masa en círculos. Póngalos en una fuente y hornéelos a 160°C hasta que estén dorados. Enfríelos y únalos con miel.

Paso 3. 1. Use harina preparada; 2. Sí, mézclela; 3. Póngalos en un fuente; 4. No, no los fría, hornéelos.

Paso 4. Answers will vary.

Actividad 10-12. Planes para la fiesta

Paso 1. 1. b; 2. a.

Paso 2. 1. te los; 2. se lo; 3. nos los; 4. se los; 5. me los.

Paso 3. 1. no; 2. no; 3. no; 4. no; 5. sí; 6. sí; 7. sí.

Integración comunicativa

Actividad 10-13. Los platos típicos de Ecuador y Perú

Paso 1. 1. Ceviche: Adobo; 2. Locro: Sopa; 3. Ají: Salsa picante; 4. Encocado: Plato en agua de coco; 5. Seco: Guiso; 6. Menestra: Lentejas; 7. Chupe: Sopa.

Paso 2. 1. el ceviche; 2. el ají; 3. el seco.

Paso 3. Answers will vary.

Paso 4. Answers will vary.

Comparaciones culturales

Actividad 10-14. La literatura ecuatoriana: Argentina Chiriboga

Paso 1. 1. c; 2. a; 3. c; 4. b; 5. a.

Paso 2. Answers will vary.

Paso 3. 1. risa; 2. presencia; 3. misma; 4. cadenas; 5. memoria.

Paso 4. b.

Paso 5. Answers will vary.

Actividad 10-15. La literatura folclórica: un cuento peruano.

Paso 1. 1. Esta familia vivía en la selva; 2. El padre salió un día de cacería nunca regresó; 3. Porque ella n(quería asustar a los niños; 4. hacer; 5. nada; 6. marido 7. culebra; 8. selva; 9. Madrecita; 10. Falso: Los animales, los ayudaron, dándoles frutas, semillas y otras comidas; 11. Cierto; 12. Falso: Los niños no tenían miedo porque los animales los protegían; 13. 3; 14. 2; 15. 1; 16. 5; 17. 4.

Paso 2. Answers will vary.

Las impresiones de Guadalupe: Actividades para el video

Actividad 10-16. El restaurante

Paso 1. 1. c; 2. d; 3. e; 4. a; 5. b.

Paso 2. 1. Las tapas son los aperitivos que se comen antes de comer el plato principal; 2. Las servilletas se usan para limpiarse la boca cuando se come; 3. Los menús son las listas de todas las comidas y bebidas que ofrece el restaurante; 4. Las propinas son el dinero que se le da al mesero por su servicio.

Actividad 10-17. La comida hispana

Paso 1. 1. b, 2. e, 3. d, 4. a, 5. c.

Paso 2. 1. La flauta es de México; 2. Los chilaquiles son de México; 3. El gazpacho es de España; 4. La guasca es de Colombia; 5. El ajiaco es de Colombia.

Actividad 10-18. Explicando el por qué.

Paso 1. 1. c; 2. b, 3. c.

Paso 2. Answers will vary.

Capítulo 11

Las compras y el consumismo

Vocabulario en contexto

Actividad 11-1. Las prendas de vestir

Paso 1. 1. e; 2. c; 3. a; 4. b; 5. d.

Paso 2. 1. sandalias, lentes de sol; 2. zapatos negros, cinturón negro; 3. cinturón negro, corbata; 4. gorro, lentes de sol; 5. suéter.

Paso 3. Answers will vary.

Paso 4. 1. a La Paz; 2. para una boda; 3. Mery: vestido, suéter de algodón, zapatos de tacón alto; José: traje, camisa y corbata; 4. una cena; 5. Mery: un pantalón elegante y una blusa de seda; José: pantalones azules, camisa y corbata; 6. Answers will vary.

Actividad 11-2. La tela de las prendas de vestir

Answers may vary, some possibilities are: 1. algodón o seda; 2. seda; 3. cuero; 4. cuero, nailon; 5. nailon; 6. lana, nailon.

Actividad 11-3. Los grandes almacenes

1. sandalias, faldas, vestidos; 2. lavavajillas, planchas, aspiradoras; 3. camisetas, trajes; 4. mesas, sillas.

Actividad 11-4. El crédito.

Paso 1. 1. E; 2. A; 3. A; 4. E; 5. A; 6. E; 7. A.

Paso 2. 2, 1, 4, 6, 5, 3, 7.

Paso 3. Answers will vary.

Paso 4. 1. es para personas; 2. Answers will vary as rates change. Baja: 20%; Alta: 45%; 3. Las tasas de interés son mucho más bajas en los Estados Unidos. Las tasas altas tienden a disminuir el consumo; la gente compra menos cuando el crédito le cuesta mucho.

Intercambios comunicativos

Actividad 11-5. ¿De veras?

Paso 1. a; b; d.

Paso 2. Cecilia: ¡Eso es increíble!; Tomás: ¿Hablas en serio?; No lo creo; Bartoleu: ¿De veras?; ¡Parece mentira!; No lo creo.

Paso 3. 1. Capitán Kirk; 2. quinientos; 3. anillo de compromiso.

Paso 4. Answers will vary.

Enfoque cultural

Actividad 11-6. Cerro Rico

Paso 1. 1. a; 2. b; 3. b; 4. a; 5. c.

Paso 2. 1. Falso; 2. Falso; 3. Cierto; 4. Cierto; 5. Falso.

Paso 3. 1. Cerro Rico queda cerca de la ciudad de Potosí; 2. Los mineros mastican hojas de coca; 3. Todavía se pueden ver las vetas de plata en las paredes de las minas.

Actividad 11-7. Paraguay y el guaraní

Paso 1. 1. mestizos; 2. el guaraní; 3. noventa; 4. cebolla, azúcar; 5. *jopara*; 6. Señorita, ¿cómo estás?

Paso 2. 1. c; 2. a; 3. c; 4. c; 5. b.

Paso 3. Answers will vary.

Gramática en contexto

Actividad 11-8. Pedidos de ropa

Paso 1. Blusas de seda: rojo, amarillo, azul, verde y negro; 50 de cada color; Pantalones cortos: 200 color azul y 200 color caqui; Faldas: 40 color crema, 40 color negro y 20 rojas; Vestidos: 30 en colores lisos y 20 floreados; Sandalias de verano: 50 pares en color negro, 50 en color marrón, y 80 en blanco.

Paso 2. 1. Va a pedir menos blusas de seda que pantalones cortos/Va a pedir más pantalones cortos que blusas; 2. Va a pedir tantos pantalones cortos de color azul como de color caqui; 3. Va a pedir tantas faldas de color crema como de color negro/menos faldas de color rojo que de otros colores; 4. Va a pedir más faldas que vestidos; 5. Va a pedir más vestidos en colores lisos que los de otros diseños; 6. Va a pedir menos sandalias que pantalones cortos.

Paso 3. Blusas de seda: Los colores alegres son más populares que los oscuros; Pantalones cortos: Azul y caqui son colores más prácticos que los otros y se ensucian menos; Vestidos: Los colores lisos se venden más que los de otros diseños; Sandalias de verano: Las sandalias abiertas son más prácticas para la gente más activa.

Actividad 11-9. ¿Quién vendió más?

Paso 1. 1. Roberto vendió más chaquetas que Ricardo; 2. Maricelli vendió tantas corbatas como Antonio; 3. Antonio vendió menos camisas de vestir que Ricardo; 4. Roberto vendió menos impermeables que Maricelli; 5. Sebastián vendió más vestidos que María José; 6. María José vendió más faldas que Ángel; 7. Lourdes vendió tantas botas como Sebastián; 8. Ángel vendió tantos gorros como Lourdes;

9. La Sección Señoras vendió más prendas que la Sección Caballeros; 10. El personal de la sección de ropa para niños vendió tntas prendas como el de la sección de ropa para bebés.

Paso 2. Maricelli: Creo que Maricelli va a ser una de nuestras vendedoras récord; Sebastián: Sí, creo que el premio al empleado del mes va a estar entre Maricelli y Sebastián; Antonio: Pero, este Antonio, ay, sus ventas no mejoran; María José: María José no es muy buena vendedora pero creo que está mejorando.

Paso 3. Maricelli: positivo; Sebastián: positivo; Antonio: negativo; María José: neutral.

Paso 4. Answers will vary. Argument should be in favor of either Maricelli o Sebastián.

Actividad 11-10. La mujer tienda

Paso 1. (Answers may vary.) 1, 4, 6, 7, 9.
Paso 2. Answers will vary.
Paso 3. Answers will vary.

Actividad 11-11. ¿Quien realizó la acción?

Paso 1. 1. La gerencia cerró la tienda "La Económica" debido a una reducción en las ventas; 2. Las tiendas rebajaron los precios; 3. Los presidentes firmaron el tratado de libre comercio en el año 2002; 4. La ministra de economía puso en efecto el plan de reactivación económica el año pasado; 5. Muchos televidentes vieron el discurso del ministro de economía; 6. El presidente devolvió el proyecto de política económica al poder legislativo.

Paso 2. 1. La nueva tasa de desempleo fue publicada por la Secretaría de Trabajo; 2. El nuevo convenio laboral fue aprobado por los trabajadores de la industria automotriz; 3. Las nuevas tasas de interés fueron anunciadas por la gerente del banco durante la reunión; 4. La nueva constitución del banco fue escrita por el consejo de Dirección; 5. La nueva ley de reducción de los impuestos fue debatida por el poder legislativo; 6. Los salarios de los empleados fueron aumentados por la junta de accionistas.

Actividad 11-12. Se toman medidas

Paso 1. Statements 2, 4 and 7 are not likely measures when the economy is not doing well. The other measures are more likely.

Paso 2. Answers may vary. Some possible answers include: Se negocian más los precios de la ropa; Se compra menos ropa; Se compra ropa usada o de ocasión para ahorrar dinero; Se compra menos ropa de marcas famosas.

Paso 3. Answers may vary; answers using sentences from Paso 1 include: 1. Las tiendas de ropa ofrecen ofertas muy buenas para generar más ventas; 2. Las tiendas de ropa contratan más empleados; 3. Las tiendas de ropa reducen el inventario de la mercadería; 4. Las tiendas de ropa aumentan los precios de la ropa; 5. Las tiendas de ropa reducen los días de vacaciones de los empleados; 6. Las tiendas de ropa negocian los precios de compra de la mercadería; 7. Las tiendas de ropa aumentan el salario a los empleados; 8. Las tiendas de ropa anuncian las ofertas por televisión e Internet; 9. Las tiendas de ropa evitan contratar más empleados.

Actividad 11-13. ¿Por o para?

Paso 1. a. 1, 7; b. 4; c. 2, 12; d. 8; e. 13; f. 3, 11; g. 6, 10; h. 5, 9.
Paso 2. 1. por; 2. para; 3. para; 4. para; 5. por; 6. por; 7. para; 8. por; 9. para; 10. para.

Integración comunicativa

Actividad 11-14. Los acuerdos comerciales internacionales

Paso 1. A favor de: 1. crean más trabajos; 2. Son buenos para la economía; En contra de: 1. dan demasiado control a las empresas internacionales; 2. traen tantos problemas como beneficios.
Paso 2. 1. b; 2. a; 3. c.
Paso 3. 1. Falso; 2. Cierto; 3. Falso.
Paso 4. Answers will vary.

Comparaciones culturales

Actividad 11-15. Paraguay y su industria hidroélectrica.

Paso 1. 1. industrias; 2. fuentes; 3. proyectos; 4. productores; 5. plantas; 6. exportadores; 7. bombillas; 8. complejo; 9. metavatios; 10. represa
Paso 2. 1. La producción de hidroelectricidad es una de las más grandes industrias de Paraguay; 2. Paraguay es uno de los más grandes productores de hidroelectricidad de todo el mundo; 3. También es de uno de los más grandes exportadores de hidroelectricidad; 4. El dinero que obtiene Paraguay de la venta de la energía hidroeléctrica es una de las principales fuentes de ingreso del país; 5. Las plantas hidroeléctricas de Paraguay están situadas en el Río Paraná; 6. Ya que el Río Paraná limita con Argentina y Brasil, muchas de las plantas son proyectos binacionales; 7. La planta hidroeléctrica más grande es la represa de Itaipú; 8. La

represa de Itaipú produce 12.600 megavatios de electricidad; 9. Esta cantidad de electricidad es suficiente para encender 120 millones de bombillas de 100 vatios a la vez; 10. De hecho, esta represa constituye el complejo hidroeléctrico más grande de todo el mundo.
Paso 3. 1. cierto; 2. falso; 3. falso; 4. cierto; 5. falso.
Paso 4. 1. La represa Yacyretá está entre Paraguay y Argentina; 2. La represa Yacyretá produce 2.700 megavatios; 3. Esta nueva planta es un proyecto en colaboración con Brasil.

Actividad 11-16. Bolivia y la historia de la coca
Paso 1. 1. b; 2. c; 3. c; 4. b; 5. b.
Paso 2. 1. Cierto; 2. Falso; 3. Falso; 4. Falso; 5. Falso.
Paso 3. 2. También se usaba como té para aliviar varias enfermedades; 3. El impuesto a la coca era una de las principales fuentes de ingreso para La Paz en el siglo XVII; 4. Hoy día la coca la consumen todas las clases sociales; 5. Debido a la lucha organizada por los Estados Unidos contra el uso de drogas ilícitas, el cultivo de la coca en Bolivia ha disminuído.

Actividad 11-17. Una comparación
Answers will vary.

Las impresiones de Guadalupe: Actividades para el video

Actividad 11-18. Un encuentro inesperado
Paso 1. 1. un café/Guadalupe está sentada en el césped; 2. las tiras cómicas/ Guadalupe lee los anuncios; 3. que sean muy baratos/ Pablo piensa que es mejor buscar artículos que les interesen a los estudiantes; 4. el peor/ Pablo es el mejor del mundo para pedir descuentos.
Paso 2. 1. Oye; 2. Están padrísimas; 3. ¿Verdad?; 4. ¡Anda!

Actividad 11-19. Lo que pasa en este episodio
Paso 1. 1, 3, and 5.
Paso 2. (Suggestion only) Creo que a Guadalupe y a Pablo les interesaría más el anuncio número 2, porque a muchos estudiantes les gusta escuchar música pero a muy pocos les gusta coleccionar monedas antiguas.

Actividad 11-20. ¿No me tenés bronca?
Paso 1. 1. me; 2. no; 3. porque; 4. llamar; 5. tengo; 6. me.
Paso 2. Answers will vary.

Capítulo 12

La cultura y los medios de comunicación

Vocabulario en contexto

Actividad 12-1. Formas de arte clásico
Paso 1. 1. arquitecto, diseñar edificios; 2. bailarín, bailar y presentar obras; 3. director, crear una película y guiar a los actores; 4. autor, escribir novelas, cuentos u obras de teatro; 5. escultor, crear imagénes en tres dimensiones; 6. músico, tocar un instrumento o componer canciones; 7. pintor, usar la pintura y los pinceles para dibujar.
Paso 2. Answers will vary.
Paso 3. Answers will vary.

Actividad 12-2. La pintura: ¿Qué se expresa y cómo se expresa?
Paso 1. 1. horrorosa, negra, violenta, Goya; 2. pintoresca, inspirante, rosada, Monet; 3. de colores fuertes, abstracta, Miró; 4. abstracta, geométrica, de colores sutiles, Picasso; 5. simple, de pocos colores, severa, Kelly.
Paso 2. 1. d; 2. b; 3. e; 4. c; 5. a.
Paso 3. Answers will vary.

Actividad 12-3. El baile como forma de expression
Paso 1. 1. F; 2. H; 3. G; 4. F; 5. G; 6. F; 7. H; 8. F; 9. F; 10. G; 11. G, H; 12. F, H.
Paso 2. Any five of the following are appropriate: son expresivos, tienen entusiasmo y energía; tienen buena técnica; son trabajadores e inteligentes; se mueven de una forma fluida y precisa.
Paso 3. Answers will vary.
Paso 4. Answers will vary.

Actividad 12-4. Críticas teatrales y cinematográficas
Paso 1. obra de teatro, entradas, teatro, ensayo, asiento, público, director, comedia musical, trama, actores, libreto, presentación, luces, camerinos, efectos, escena, música, orquesta, partitura, líneas, autor, estrella, acto, intermedio, aficionados
Paso 2. (Wording may vary.) 1. Los encargados de las luces no estaban cuando la obra comenzó; 2. El autor escribió chistes poco cómicos y comentarios sociales de poca importancia; 3. Laura y su esposo vieron el último ensayo porque el anuncio tenía información

errónea; 4. La orquesta tocó la misma canción para todas las transiciones porque los músicos no tenían las partituras; 5. La estrella de la obra no podía cantar.

Actividad 12-5. El cine

Paso 1. Answers will vary.
Paso 2. Answers will vary.
Paso 3. Answers will vary.

Intercambios comunicativos

Actividad 12-6. Los consejos

Paso 1. 1. c; 2. b; 3. a; 4. b; 5. c.
Paso 2. 1. T; 2. T; 3. D; 4. D; 5. D.
Paso 3. 1. una danza; 2. Heredia; 3. la guerra civil de 1948.
Paso 4. 1, 3.
Paso 5. Answers will vary.
Paso 6. Answers will vary.

Enfoque cultural

Actividad 12-7. Centroamérica y las artes escénicas

Paso 1. 1 d.
Paso 2. Order of sentences: 3, 4, 2, 1, 5, 6.
Paso 3. 1. Falso; 2. Cierto; 3. Falso; 4. Cierto.
Paso 4. 1. En el festival se muestran espectáculos de danza y teatro; 2. Barro Rojo presenta "Las cosas del amor y otras perversiones propias de la naturaleza humana y animal."

Actividad 12-8. Enrique Salaverria de El Salvador

Paso 1. b; 2. c; 3. b; 4. a; 5. c.
Paso 2. 1. Buenos Aires, Argentina; 2. cedro; 3. las mujeres.
Paso 3. Enrique Salaverria nació el 22 de enero de 1922 en Juayúa, El Salvador. Estudió arte en la Academia de San Carlos en México. Es conocido como uno de los grandes escultores salvadoreños. Para ver su obra puede dirigirse al Museo de la Escultura.

Gramática en contexto

Actividad 12-9. El mundo del arte y de los artistas

Paso 1. Answers will vary. (Underlined verbs relate to Paso 3.)
Paso 2. Answers will vary.

Paso 3. 1. Verbs to underline in Paso 1: tienen, pueda, hay, practique, trabaje, son, necesiten; 2. Subjuntivo: 2. pueda, 4. practique; 4. trabaje; 6. necesiten; Indicativo: 1. tienen, 3. hay, 5. son; 3. Subjuntivo: Es imposible; Es necesario; No es cierto; Indicativo: Es cierto; Creo; Es obvio. 4. Subjuntivo: Es necesario: expresa una necesidad; No es cierto: indica duda o incertidumbre; Indicativo: Es cierto, Creo, Es obvio: afirman una realidad objectiva. 5. Con indicativo: Es evidente que; Es obvio que; Es seguro que; Es verdad que; all others are followed by the subjunctive.

Actividad 12-10. La vida de artista

Paso 1. 1. sepas; 2. pienses; 3. podamos; 4. vuelvan.
Paso 2. Answers will vary, but verbs in 1 and 7 should be in the present indicative, all others should be in the present subjunctive.

Actividad 12-11. Lo bueno es...

Paso 1. Answers will vary, but shall contain a form of *lo* + adjective.
Paso 2. Answers will vary.

Integración comunicativa

Actividad 12-12. Echemos un vistazo a Panamá

Paso 1. 1: ¿Qué significa la palabra Panamá en la lengua indígena?;—Significa abundancia de peces y de mariposas. 2: ¿Dónde está ubicado el país?;—Está ubicado en el istmo centroamericano entre Costa Rica y Colombia; 3: ¿Cómo es el clima allí?—El clima es tropical con altas temperaturas y humedad durante casi todo el año; 4: ¿Cuáles son los idiomas que más se hablan en Panamá?;—Se hablan más el español y el inglés.
Paso 2. 1. Las estaciones del año en Panamá son la lluviosa y la seca; 2. La gente suele aprovechar las hermosas playas; 3. Las playas del Pacífico se prestan para practicar el surf; 4. Las playas del Atlántico se prestan para la natación y el buceo.
Paso 3. 1. inundaciones; 2. frituras; 3. patacones; 4. natación.
Paso 4. 1. Cierto; 2. Falso; 3. Falso; 4. Cierto.
Paso 5. 1. Una inundación es cuando un área se su merge bajo el agua debido a la lluvia; 2. Los patacones son plátanos verdes.
Paso 6. Answers will vary.

Comparaciones culturales

Actividad 12-13. Luis Cardoza y Aragón

Paso 1. 1. a; 2. b; 3. b; 4. b; 5. a; 6. b.

Paso 2. 1. Fue poeta, ensayista, narrador y crítico de arte; 2. Murió en la Ciudad de México en 1992; 3. Escribió sobre su país en su obra *Guatemala, las líneas de su mano*; 4. Fue defensor del indígena y escribió sobre las condiciones lamentables de los indígenas de Guatemala.

Paso 3. 1. Nació el 21 de junio de 1904; 2. Fue embajador en Colombia y en Chile; 3. Su revista se llamaba *Revista Guatemala*; 4. Opinaba que la resistencia indígena guatemalteca era una de las causas más justas.

Actividad 12-14. Los indígenas y el desarrollo económico de Centroamérica: el Plan Puebla-Panamá

Paso 1. A favor: 2. Habrá más trabajo para todos; 3. Habrá menos trámites burocráticos en las fronteras. (Las condiciones de la infraestructura de la región van a mejorar.); En contra: 2. Los recursos naturales de los indígenas serán explotados; 3. Los indígenas no recibirán ningún beneficio económico del Plan; (Los indígenas no tendrán la capacidad de defender sus derechos.)

Paso 2. Answers will vary.

Paso 3. Answers will vary.

Las impresiones de Guadalupe: Actividades para el video

Actividad 12-15. ¡Es imposible que te gusten las películas de terror!

Paso 1. 1. G; 2. G; 3. C; 4. G; 5. C; 6. C.

Paso 2. Answers will vary.

Actividad 12-16. Lo que más me gusta de las películas de terror es que...

Paso 1. Answers will vary.

Paso 2. Answers will vary.

Actividad 12-17. ¡Al cine hispano!

Paso 1. Answers will vary.

Paso 2. Answers will vary.

Paso 3. Answers will vary.

Capítulo 13

La medicina y la salud

Vocabulario en contexto

Actividad 13-1. Las partes del cuerpo

Paso 1. 1. La cintura; 2. la cabeza; 3. los hombros la espalda; 4. las manos/los brazos; 5. las piernas.

Paso 2. 1. el cuello; 2. las piernas; 3. la cintura; 4. las piernas; 5. el torso (*trunk*).

Actividad 13-2. ¿Qué problema tienes?

1. b; 2. e; 3. a; 4. c; 5. d.

Actividad 13-3. Malestares físicos y recomendaciones

Answers will vary.

Actividad 13-4. Síntomas y enfermedades

Paso 1. 1. hígado; 2. piel; 3. corazón; 4. sangre; 5. pulmones, bronquios; 6. cerebro; 7. garganta; 8. articulaciones; 9. sangre.

Paso 2. 1. crónica; 2. temporal; 3. temporal; 4. crónica; 5. crónica; 6. temporal; 7. temporal; 8. crónica; 9. crónica.

Paso 3. 1. ataque cardíaco, asma; 2. hemofilia, leucemia, embolia; 3. ataque cardíaco; 4. cirrosis, melanoma.

Actividad 13-5. Remedios caseros

Paso 1. 1. d; 2. f; 3. c; 4. a; 5. e; 6. b.

Paso 2. 1. ineficaz; 2. ineficaz; 3. ineficaz; 4. ineficaz; 5. ineficaz; 6. eficaz.

Paso 3. 1. dolor de cabeza; 2. quemaduras; 3. hipo; 4. mareos; 5. picadura de víbora.

Actividad 13-6. Remedios caseros: Jugos y plantas

1. 25 g. de repollo, 1 rama de perejil, 1 puerro, 1 tomate; 2. Se licúan los ingredientes, se cubre el área afectada por 20 minutos, y luego se lava con agua fría; 3. dolor de cabeza; 4. tos; 5. violeta; 6. (Wording may vary.) Se añaden 2 cucharaditas de muérdago a 1/4 litro de agua fría por 10 horas. Se toman dos tazas al día.

Intercambios comunicativos

Actividad 13-7. ¡Buena suerte!

Paso 1. Deseo de mejoría: 4, 6; deseo de buena suerte: 1, 3; despedida: 2, 5.

Paso 2. 1, 5, 3, 6, 4, 2.
Paso 3. Answers will vary.

Enfoque cultural

Actividad 13-8. Los estereotipos y el humor

Paso 1. 1. a; 2. b; 3.c; 4.b; 5.c 6. a.
Paso 2. 1. llamada; 2. luz; 3. corbata.
Paso 3. Answers will vary. Sample: *Aprender el humor de un idioma y de una cultura le ayuda al extranjero a entender mejor a la gente, a su cultura y a su sociedad. También le ayuda a aprender a utilizar el idioma para hacer juegos de palabras y así aprender la lengua...*

Gramática en contexto

Actividad 13-9. Los estereotipos y la medicina

Paso 1. Answers may vary. 1, 3, 4.
Paso 2. 1. Vayan/No es necesario/ expresión de necesidad impersonal; 2. Atienda/ Es mejor/ expresión impersonal; 3. Diga/ Prefieren/ expresa un punto de vista personal.
Paso 3. Answers will vary.

Actividad 13-10. Los médicos y las compañías de seguros

Paso 1. 1. M; 2. CS; 3. M/CS; 4. M; 5. M; 6. M; 7. CS.
Paso 2. Answers will vary.

Actividad 13-11. ¿Ya o todavía no?

Paso 1. 1. todavía no; 2. ya; 3. todavía no; 4. ya; 5. todavía no.
Paso 2. Answers will vary.

Actividad 13-12. ¿Imperfecto o condicional?

1. podía; 2. Leía; 3. hacía; 4. querría; 5. podría.

Actividad 13-13. Futuro o condicional

Paso 1. 1. Estará; 2. deberías; 3. ayudaré; 4. Iría; 5. prestarías.
Paso 2. 2. deberías: conditional; to soften suggestions; 3. ayudaré: future; to refer to an event that comes after an event in the present; 4. Iría: conditional; hypothetical event; 5. prestarías: conditional, to soften a request.

Actividad 13-14. Eso pasa cuando...

1. b; 2. a; 3. b.

Integración comunicativa

Actividad 13-15. Problemas de salud para un turista

Paso 1. 1; 2; 5; 6.
Paso 2. 1. repelente de mosquitos; 2. beber agua; 3. embotellada; 4. fecha.
Paso 3. 1. b; 2. c; 3. a.
Paso 4. Answers will vary. Possible answers should include: 1. Para el mal de altura se recomienda dejar c hacer muchas actividades físicas y descansar. Si es muy serio, otra medida es ir al hospital y tomar oxígeno a través de mascarilla; 2. Con problemas estomacales muchas veces uno experimenta deshidratación; por eso se recomienda tomar algo para comba ir la deshidratación y asentar el estómago; 3. Para la fiebre y el dolor de garganta se recomienda tomar un medicamento como aspirina o *Nyquil*.

Comparaciones culturales

Actividad 13-16. Tres poetas importantes de Colombia, Venezuela y Panamá.

Paso 1. 1. Juan Carlos Galeano; 2. Colombia; 3. 1960 4. *Los trabajos interminables* (or *Índigo*); 5. Consuelo Tomás Fitzgerald; 6. Panamá.
Paso 2. 1. C; 2. F; 3. F; 4. C; 5. F; 6. C.
Paso 3. 1. Uno de los libros de poesía que ha publicado Consuelo Tomás se llama *Agonía de la Reina*; 2. E poemario *Índigo* de María Antonieta Flores se public en 2001; 3. Además de ser poeta y traductor de poesí Juan Carlos Galeano es profesor en la Universidad de Estado de la Florida.

Actividad 13-17. La poesía de nuestros tres poetas

Paso 1. 1. mesa; 2. correr; 3. árboles; 4. mujer; 5. patas; 6. sillas; 7. pan. Students descriptions of significance and personality of table will vary.
Paso 2. 1, 3, 2, 4, 7, 6, 5, 8, 9.
Correct order of poem: en el atlántico, entreabiertos los labios, el cuerpo, sonoro como bronce, te tiene apartada, densa y obscura, un rayo ilumina tu heartache, índigo azul, muy azul tu sonrisa es una mueca. Student answers to the questions will vary.
Paso 3. Student drawing and ideas about the poem will vary.

Actividad 13-18. Análisis de una poesía

Students' choice of poem and analysis will vary.

Las impresiones de Guadalupe: Actividades para el video

Actividad 13-19. ¡Me gustaría ir a bailar!

Paso 1. 5, 2, 1, 4, 3.
Paso 2. 3, 5
Paso 3. Answers will vary.

Actividad 13-20. ¿Viajará Jordi a México?

Paso 1. 1. Sí/No, no va a viajar a México a visitarla; 2. Sí/ No, no volverá a visitarlos; 3. Sí/ No, no se reconciliará con él; 4. Sí/ No, no tendrá éxito; 5. Sí/ No, no recibirá una A.
Paso 2. Answers will vary.

Actividad 13-21. Aprendí muchísimo sobre mi propia cultura

Paso 1. 1, 2.
Paso 2. Answers will vary.

Capítulo 14

El medio ambiente y la calidad de vida

Vocabulario en contexto

Actividad 14-1. La infraestructura física de una ciudad

Paso 1. Answers will vary.
Paso 2. The place should have: gente amistosa, muchas actividades culturales, cosmopolita, buen transporte público; The place should not be/have: muy grande, mucho tráfico, aceras grandes, polución.
Paso 3. Answers will vary.

Actividad 14-2. Mi ciudad es mi casa

Paso 1. Answers will vary.
Paso 2. Answers will vary.

Actividad 14-3. El mejor medio de transporte

Paso 1. Answers may vary. 1. Detroit; 2. Ciudad de México; 3. Beijing; 4. Roma; 5. Nueva York.
Paso 2. Answers may vary. 1. bicicleta; 2. carro, taxi; 3. bicicleta, moto; 4. metro, taxi; 5. bicicleta, moto; 6. carro, bicicleta, moto; 7. bicicleta.

Actividad 14-4. Los automóviles y las reglas de tráfico

Paso 1. Answers may vary somewhat. 1. El chofer paró en el paso peatonal/no cedió el paso; 2. El chofer dobló a la izquierda y estaba prohibido; 3. El chofer excedió la velocidad máxima; No aminoró la marcha; 4. El chofer cruzó con luz roja; 5. El chofer estacionó en una zona prohibida.
Paso 2. Answers may vary somewhat. 1. Es necesario que pare antes del paso peatonal para que los peatones puedan pasar. 2. Es importante que obedezca las señales de tráfico para evitar un accidente. 3. No debe sobrepasar la velocidad máxima porque es peligroso y le pueden dar una multa. 4. No cruce con luz roja. Es peligroso y le pueden dar una multa. 5. Si estaciona es zonas prohibidas la grúa se llevará su carro y le costará mucho dinero recuperarlo.

Actividad 14-5. La convivencia con los vecinos

Paso 1. 1. F; 2. F; 3. D; 4. D; 5. F; 6. D.
Paso 2. Answers will vary.

Actividad 14-6. La biodiversidad global

1. F; 2. D; 3. D. 4. F. 5. F. 6. D.

Intercambios comunicativos

Actividad 14-7. Sí, pero por otro lado...

Paso 1. 1. F; 2. C; 3. C; 4. C; 5. F.
Paso 2. 1. Julián; 2. Ricardo; 3. Julián; 4. Ricardo; 5. Julián; 6. Ricardo; 7. Ricardo; 8. Ricardo; 9. Ricardo.
Paso 3. Para responder al interlocutor: 2, 5, 7; Para tomar la palabra interrumpiendo al interlocutor: 1, 3, 4, 6, 8; Para cambiar de tema: 8; Para finalizar una conversación: 9.
Paso 4. Answers will vary.

Enfoque cultural

Actividad 14-8. La biodiversidad de Centroamérica

Paso 1. 1. Cierto; 2. Falso; 3. Falso; 4. Cierto; 5. Falso; 6. Cierto; 7. Falso.
Paso 2. 1. El pizote es un pariente cercano del mapache; 2. Los monos hacen mucho ruido en Costa Rica; 3. La Selva Bananito es una reserva natural privada que mantiene una familia; 4. La Selva Bananito tiene 850 hectáreas de vegetación.
Paso 3. Answers will vary, but could include:
Casi un noventa por ciento de las zonas protegidas en Nicaragua son tierras privadas.Una de las reservas naturales de Nicaragua se llama Chocoyero–El Brujo. Está a 18 millas al sur de Managua y consiste en 184 hectáreas.

Gramática en contexto

Actividad 14-9. Los bienes raíces

Paso 1. apartamento, más de 2 habitaciones, salón grande, vecindario tranquilo, cerca de museos, cerca de una reserva natural, tiendas y mercados convenientes.
Paso 2. 1. ajusta; 2. permite; 3. están; 4. son; 5. quede; 6. ofrezca; 7. presente.
Paso 3. Answers will vary.
Paso 4. Answers will vary.

Actividad 14-10. En realidad...

Paso 1. 1. A; 2. D; 3. A; 4. D; 5. D; 6. A; 7. A; 8. D.
Paso 2. 1. *sea*: nonexistent/indefinite antecedent; 2. *se integre*: follows an expression of doubt.
Paso 3. 1. *fuera*: *No creía* expresses doubt; 2. *se integrara: Dudaba*: expresses doubt; 3. *fuera: esperaba* indicates a nonexistent or hypothetical situation; 4. *robara: Temía* expresses an emotion.

Actividad 14-11. Agradable sopresa

1. tuviera; 2. estuvieran; 3. desaparecieran; 4. se esforzaran; 5. se interesaran; 6. pudieran; 7. vinieran; 8. descubrieran; 9. hicieran; 10. pudiera; 11. evaluara.

Actividad 14-12. Si yo fuera poderoso...

Paso 1. 1. no fuera pobre; 2. enseñaran el tema; 3. viviera en otro país; 4. supiéramos que eran de la misma calidad; 5. no hicieran.
Paso 2. Answers will vary.

Integración comunicativa

Actividad 14-13. El pueblo y la ciudad

Paso 1. 1. Nicaragua; 2. provincial; 3. un pueblo; 4. San José; 5. el campo.
Paso 2. 1. A; 2. N; 3. A; 4. N.
Paso 3. Answers will vary.

Comparaciones culturales

Actividad 14-14. Las dos Nicaraguas

Paso 1. 1. El señor Anderson escribe de su herencia nicaragüense que su primer idioma es el inglés y no el español. Eso sorprendente; 2. Los ingleses, los indios y los africanos libres vivieron juntos en la costa; 3. Los ingleses llegaron a la costa de Nicaragua en los años 1600; 4. Cierto; 5. Falso; 6. Los costeños hablaban inglés y también celebraban las tradiciones inglesas.
Paso 2. 1. c; 2. b; 3. c; 4. a.
Paso 3. Answers will vary (See Modelo as a partial example).

Las impresiones de Guadalupe: Actividades para el video

Actividad 14-15. Y Vos, ¿qué pensás?

Paso 1. 1: decime; 2: Vos; 3: vos; 5: tenés; 6: querés.
Paso 2. 1: dime; 2: Tú; 3: contigo; 5: tienes; 6: quieres.

Actividad 14-16. El medio ambiente

Paso 1. 2, 3.
Paso 2. Answers will vary.

Actividad 14-17. Pablo, el radiolocutor

Paso 1. 1, 2, 6.
Paso 2. 1. a sus oyentes y a Guadalupe; 2. a sus oyentes por su apoyo y participación, y a Guadalupe por su amistad y su apoyo; 3. Le desea mucha suerte en sus estudios porque vuelve a México.
Paso 3. Answers will vary.